【ポイント図鑑】

人を動かすファシリテーション思考

草地 真
Makoto Kusaji

ぱる出版

まえがき

●「先が見えない」

インターネットやＳＮＳが極限まで発達し、誰もがスマホを手に地球上の誰とでもコミュニケーションがとれる状況にありながら、こうした不安をもつ人が増えています。

●「伝わらない」

同じ日本語を話しながら、また話し方やプレゼンテーションに気を使って話していながら、お互いに〝言葉が通じていない〟ことを感じることも多くあります。

いくら情報量が多くても、人間のアタマには限界があります。いくらＳＮＳが発達しても、ひとりの人間が本当にわかり合える関係をもてる人には限りがあります。しかし、情報テクノロジーの発達は、これでもかこれでもかと大量の情報を流し込んでくる今、人々はまさに「情報洪水」の中で、自分たちの立ち位置を見失っています。

ファシリテーションは、人と人とが話し合い、わかり合うための方法です。それは「いま・ここ」で出会った人と人が「いま・ここ」で感じることを口に出し、シェアし、合意点を見出していく手法として、まさに人と人との関係をつなぎ直す、結び直す時間と場所を提供してくれます。同時に、ダイバーシティ（多様性）社会の中で、どんな経歴や価値観をもつ人とでも、ひと時のコミュニケーションを築いていく上での有効な方法を提供してくれます。本書が、新しい「コミュニケーション」を求めるすべての人のお役に立てれば幸いです。

著者

【ポイント図鑑】人を動かすファシリテーション思考●もくじ

パート1 なぜ、いまファシリテーション思考が求められているのか

パート2 「ファシリテーションの時代」を表す10のキーワード

パート3 ファシリテーション超入門

パート4 ファシリテーターに求められるスキルと心構え

パート5

動かない組織を動かす【分野別ファシリテーション実践例】

パート6　人と組織を動かすファシリテーションのコツ

パート1
なぜ、いま
ファシリテーション思考が
求められているのか

ああ、言葉が通じない……
バラバラの意見をどう1つの流れにするか

ある日の午後の会議室。営業担当のメンバーたちが、今月の売上不振の対策を協議するために集まっています。

「売上目標が高すぎるよ。今の営業人数でこの金額をやれ、といわれたって……」

「新人の○○さん、客先で商談中にスマホでメモとってんだよね、あの子大丈夫？」

「この会社、目標に対する意識が甘いですね。前の会社じゃ今の3倍やってましたよ……」

「女性の立場からは、コスパが悪いこんな商品、買う人いるのかしらって思うわ……」

「B地区の営業ですが、客先の担当者が変わって、一からやりなおしですよ……」

「部長は、今期の売上次第では、自分は異動で飛ばされると思ってるらしいよ……」

「部長とうちの課長、うまくいってないよね……」

「競合のC社の営業のやり方知ってる？　あれだけノベルティつけられたらかなわないよ……」

それぞれの人がそれぞれの立場でいい合う、まるで「言葉の空中戦」のような場面です。

あなたがもしこの場に居たら、まず何をしますか？　一緒になっていい訳やグチをいうでしょうか？　それとも……。

ああ、言葉が通じない
…人々の「言葉のベクトル」が違っていて、すれちがう

新人が育たない
残業ばかりで疲れが極限！
予算も人も足りない！
課長と部長が仲悪い！
うちの課が社内で信用されてない
早く帰って家族と過ごしたい
みんな全然甘い。
競合が強すぎて太刀打ちできない！
前の会社じゃもっときつい目標クリアしてた
マーケティングが弱くて
客先のニーズに合わない製品だ！
目標金額が高すぎ！
自分はそこそこの給料でいい。

ほんのちょっとのことで会議の流れが変わるファシリテーションの秘密

　その時、すっと席を立って、ホワイトボードに何かを書き始めた若手社員がいました。

「みなさんいろいろおっしゃっていますが、一度この4つの視点から、いいたいことを思う存分挙げてみませんか？」

　ホワイトボードには、十字を切った図の上下左右に、4つの要素が書かれています。

①外的要素……市場、競合関係

②内的要素……社内事情、仕事の進め方、組織体制

③商品（製品）の問題……モノやサービス、商品企画・開発

④営業・販売体制の問題……営業マン、売り方、得意先関係

　そして彼は、そのマトリクスの中に、これまで出てきたみんなの声を書いていきます。

するとと、最初は「この若手、何をやるつもりだ……」と、いぶかって見ていた他のメンバーたちも、そのマトリクスに様々な意見をいい足し、書き足していくのです。

　左ページの図と前ページの図を比べるといかがでしょうか？　バラバラだった「言葉の空中戦」が整理され、みんなの発言の傾向（内部事情に関することが多いですが……）といったことが明らかになってきます。ファシリテーションの第一歩が、ここにあります。

ほんのちょっとのことで会議の流れがこれだけ変わる ファシリテーションの秘密

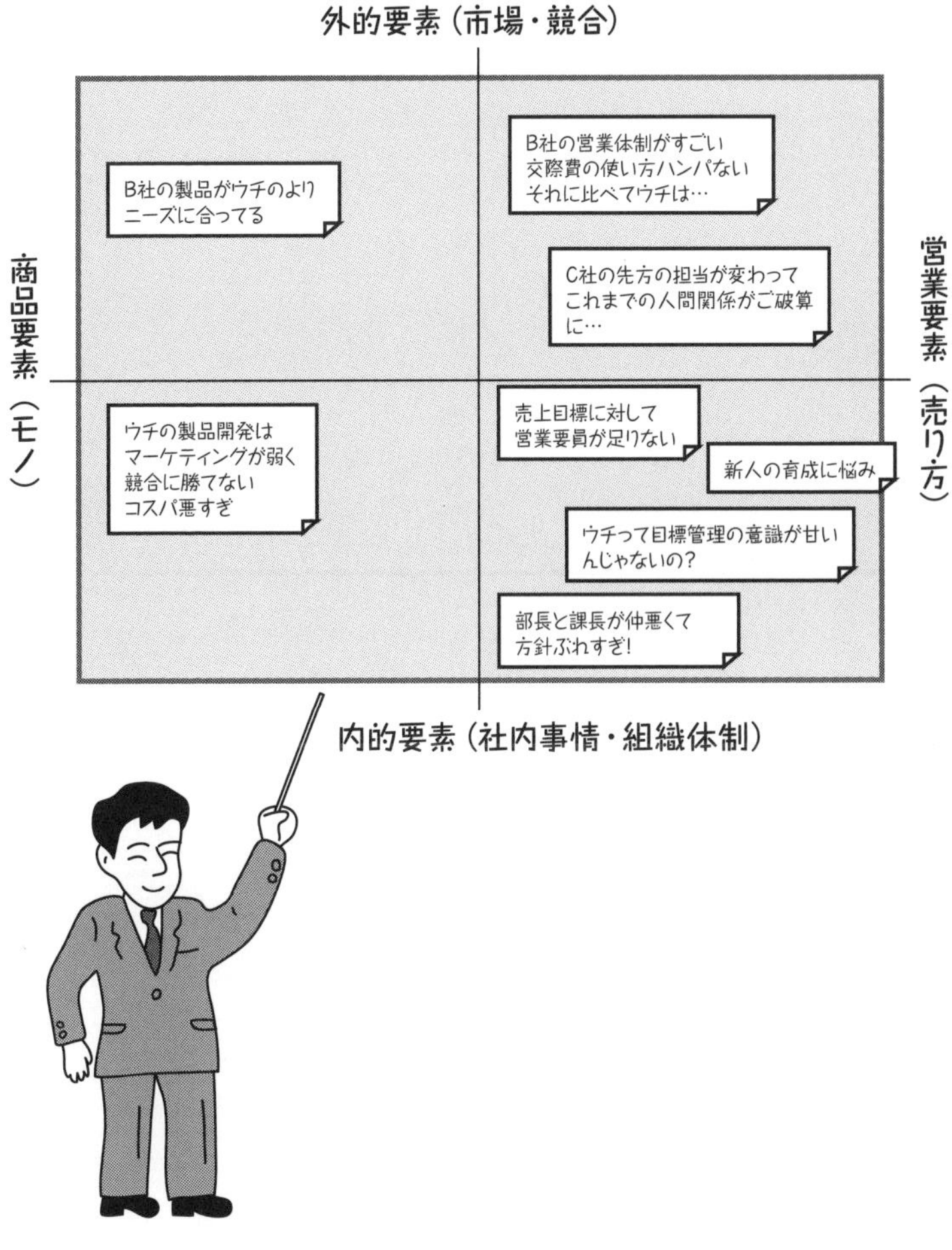

ファシリテーションの3つの特徴

　本書では、これからの時代に様々な場面で求められる「ファシリテーション」という技法について、その考え方と実践を具体的に解説していきます。

「ファシリテーション」とはfacilitate（促進する、助長する、事を容易にする、楽にする）という英語の名詞形です。1960年代のアメリカで生まれたもので、様々な問題について話し合う時に、参加メンバーの意思や思いを引き出し、課題を浮き彫りにして共有したうえで、解決の方向を見出す手法です。それはまた、参加メンバー各自の気づきや成長、メンバーみんなの納得と共有の手法として、ビジネス研修や会議の場面にも応用されてきました。ファシリテーションの特徴は次の3つに集約されます

①対等な関係のメンバーによる主体的な参画……ファシリテーションを行う間は、組織役割や役職を忘れて対等な立場で、かつ参加者全員が主体的に取り組みます。

②ファシリテーターの中立性……中身には関与せず、プロセスを導く「ファシリテーター」が、話し合いをリードしていきます。

③プロセスの共有による納得と当事者意識……参加メンバーが心から納得し、ベクトルを共有することで、メンバー各自が当事者意識をもった強いアクションが生まれます。

“本来やるべき業務”と想定所要時間

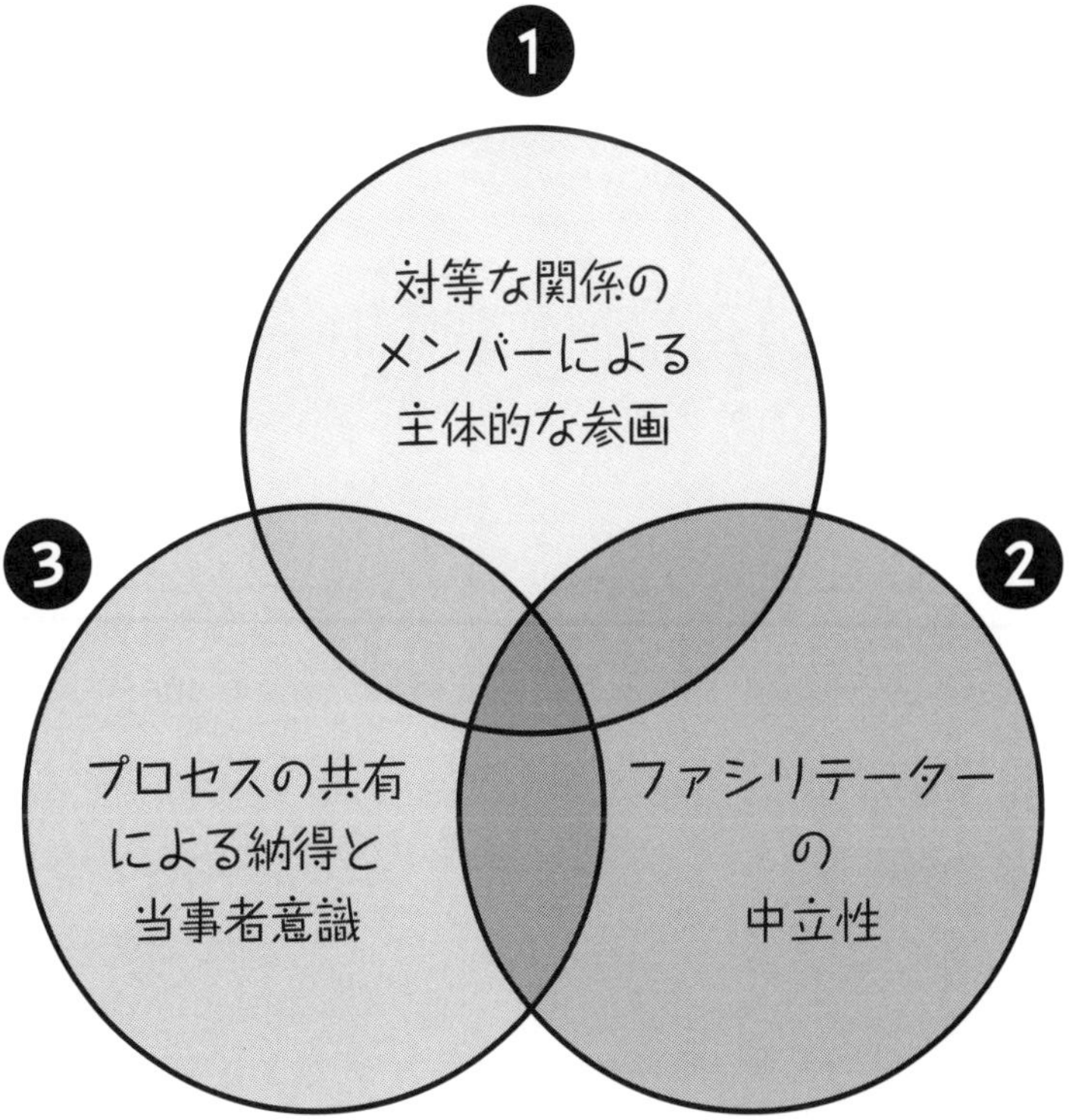

ファシリテーションが必要な場面がどんどん増えている!?

一般にファシリテーションというと、会議を上手に取り仕切って参加者の意見を引き出していく場面がイメージされやすいですが、たとえば東日本大震災のときには「話し合いファシリテーション」という形で、被災地支援の中で大きな役割を果たしました。

未曾有《みぞう》の大震災に続く大津波と原発事故。日本の歴史上類を見ない大災害により、被災地は大混乱に陥りました。その混乱は、建物の崩壊や物資の不足への対応といった段階から、支援物資の最適配分が必要な段階、ボランティアと支援の仕事のマッチング、そして被災地域の復興に向けた地域住民の合意形成の段階へと、課題内容やレベル、そして参加する人々の顔ぶれも、刻々と変わっていきました。

そんな中で、大きな役割を果たしたのが、専門のファシリテーターたちによる避難所や地域住民の「話し合いのお手伝い」でした。震災直後の切迫した避難所での「地区別被災状況の把握」や「ボランティアの支援のマッチング」から、被災地復興に向けて「現状地区を離れるか残るか」といった住民同士の緊張した話し合いの場面に至るまで、模造紙とポストイットと水性マーカーをもとにみんなの意見や思いを「見える化」し、その時々の最適な結論を出す……。ファシリテーションはこんな場面で本領を発揮したのです。

みんなの意見や思いを見える化する

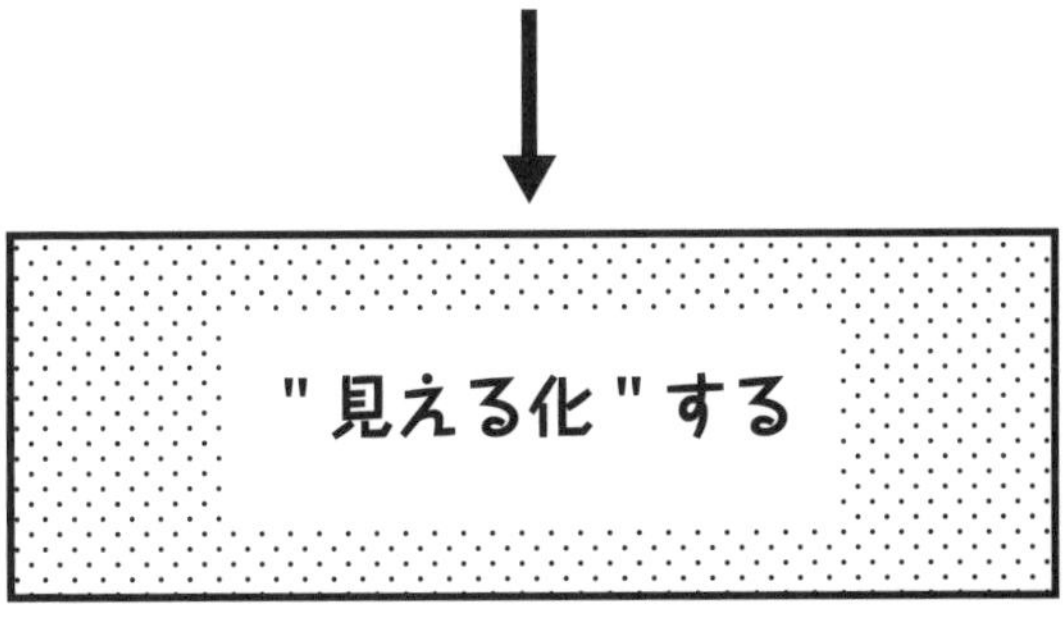

なぜ人材教育にファシリテーションが有効なのか

１９９６年に日本に上陸し、今や全国に１０００店舗を越えるに至ったスターバックス。エスプレッソをベースとしたこだわりのコーヒーに加えて、独特なインテリア空間やＢＧＭ、そしてどんなときにも最高の笑顔と対応をしてくれるスタッフによって提供される「サード・プレイス」（自宅と学校・職場に次ぐ第３の場所の意味）として、日本人のライフスタイルにすっかり定着しました。

スターバックスのスタッフの育成は、基本的に「ファシリテーション」の考え方と手法で行われています。

「あなたが今までで一番気持ちがよかった接客って何でしょう？」

「さっきのお客様、ニコニコしていたね。どんなことがあったの？」

「ミスしてしまったとき、お客様はどう思ったかな？　他のスタッフの気持ちはどうだったと思う？」

多くは学生を中心としたアルバイトのスタッフは、こうした問いかけによって、スターバックスで働くことの意味を、自分の問題として、自分の頭で考えていくようになります。

スターバックスのサービスの根っこには、「ファシリテーション」があるのです。

教育研修にファシリテーションの手法を取り入れる

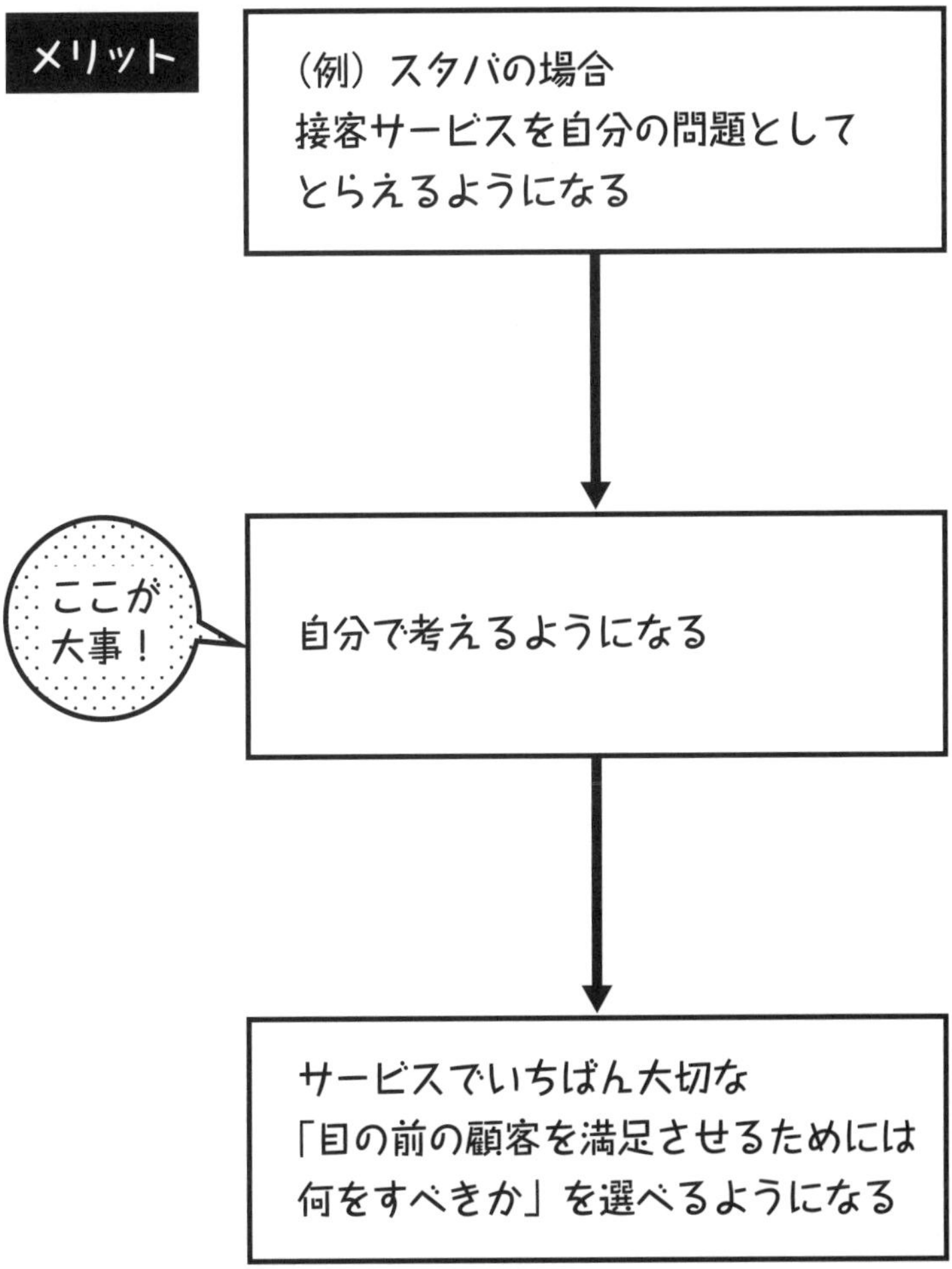
メリット
（例）スタバの場合
接客サービスを自分の問題として
とらえるようになる
ここが
大事！
自分で考えるようになる
サービスでいちばん大切な
「目の前の顧客を満足させるためには
何をすべきか」を選べるようになる

企業改革にファシリテーションが欠かせない!!

日産自動車のV字回復といえば、フランスのルノーから日産自動車の社長に就任した、カルロス・ゴーン氏を思い浮かべます。「コストカッター」の異名をもちながらも、わずかの期間に業績をV字回復させるとともに、日産が陥っていた各種の「大企業病」を改革した話は、ビジネスマンに限らず多くの人々の知るところです。

しかし、その日産の劇的なV字回復の裏に〝ファシリテーション〟が大きな役割を果たしていたことは、あまり知られていません。日産では、単なる経費削減や経営構造改革と並んで、むしろそのベースにある意思決定のプロセスやり方を大きく変えました。

それは「V－up」プログラムと呼ばれ、「日産の会議」改革として具体化されました。詳細は後述しますが、そこでは組織横断型のクロスファンクショナルなメンバーにより、「課題定義書」「系統図」「親和図」「ペイオフ・マトリクス」といったファシリテーションの基本的な手法を用いながら、課題の共有や原因追求、対応策の検討を行うことで、早期に確実な解決策を提示します。そして「工場での部品の設定基準の更新」といった現場の課題から、「電気自動車販売に当たってのディーラー販売店のサービスのあり方」、といった大きなテーマまで、実効性ある取り組みがなされてきたのです。

ファシリテーション手法を使った会議で“改革”！

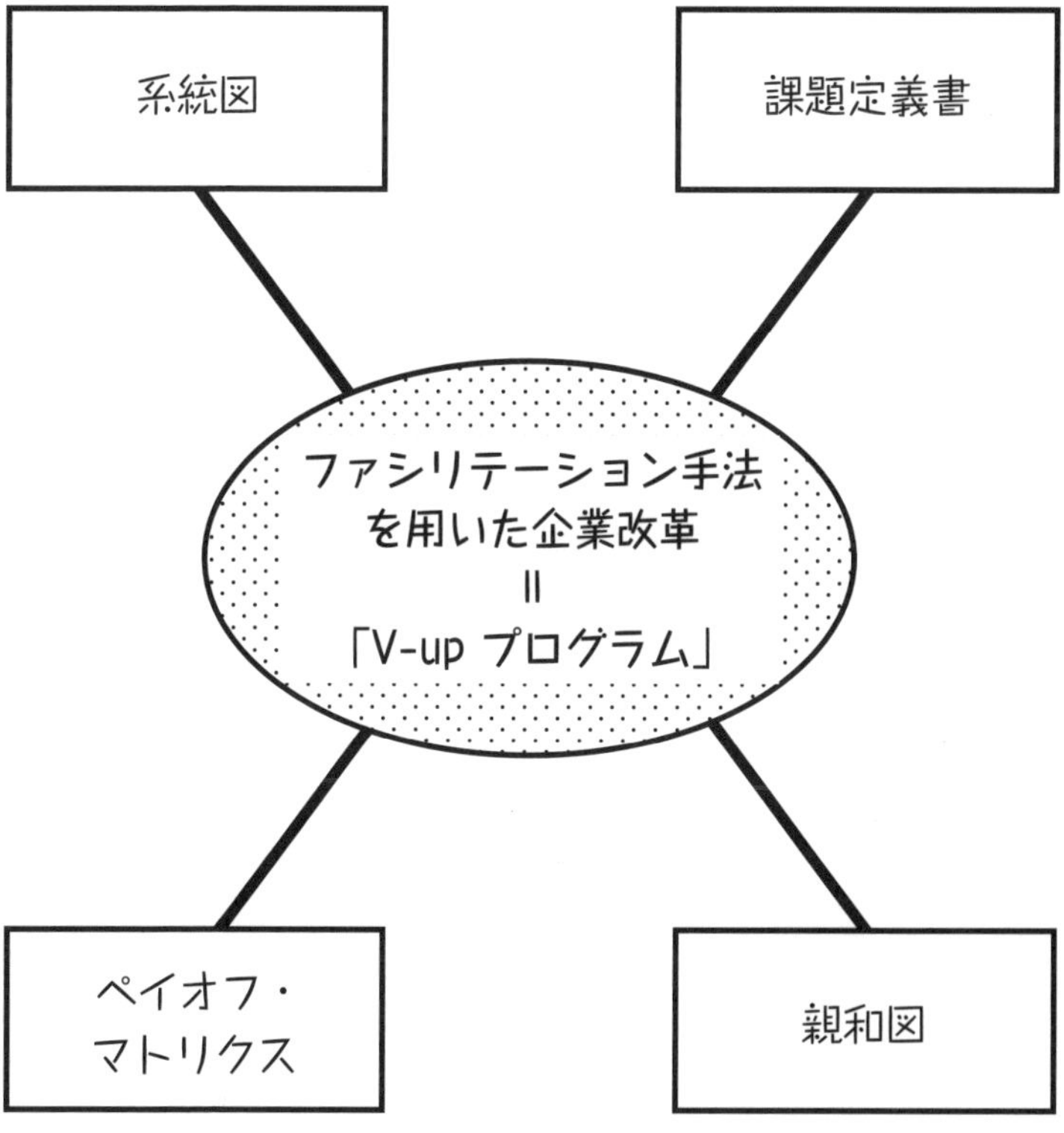

まちづくり・地元の再構築にファシリテーションが必要だ

巨大なホールを埋め尽くした数百人の人々は、子供からお年寄りまで4～5人を単位にたくさんの丸テーブルを囲んでいます。これは、福岡市で開かれた、まちづくりのワークショップ、「福岡の未来をつくる」の一コマです。福岡市のビジョン（総合計画）策定に当たって、多くの市民を一堂に集め、「ワールドカフェ（後述）」という手法で話し合いを行いました。会場では子供から高齢者まで、自分の思いをテーブルの上の模造紙に書き込みながら、次々とグループを移動していきます。そして何回かの入れ替えを経て最初のテーブルに戻り、他のグループでの様子を報告し合いながら「どんな話が出たか」をシェアし合うという、まさにファシリテーションの極意ともいえる手法が、まちづくりの話し合いの中心的な方法として用いられています。

人口減少と高齢社会を背景に、「地方創生」が日本社会の将来を握る大きな課題となっています。ファシリテーションは、福岡のような「地域の課題やビジョンの共有」のほか、住民たちも気づかない自分たちの地元の特徴や強み、隠れた名産品を見つけ出し、可視化していく手法としても有効です。そして、地元ならではのブランド価値を見つけ、地元の中のコミュニティを再構築するために、ファシリテーションが重要な役割をもちます。

まちづくりとファシリテーション（ワールドカフェ）

医療・福祉の地域包括ケア時代に不可欠なファシリテーション

ファシリテーションの活用は、医療や福祉といった分野にまで広がっています。その背景には、世界一のスピードで高齢化が進む中、従来型の「治す医療」だけでは要介護や認知症を含めたお年寄りをケアすることは不可能となり、医療福祉関係の様々な専門職種が連携して一人ひとりのお年寄りをケアしていくことが必要になった（＝多職種連携）、という日本社会の要請があります。そこで、多職種がそれぞれの専門を踏まえながらも目の前のお年寄りの状況を把握・共有する上で、ファシリテーション的な手法が不可欠になっているのです。

医療・福祉の仕事には様々な専門性と資格要件があります。従来、病院医療の世界は「医局制度」という縦割り組織の中で厳格に構築されてきましたが、今後は高齢社会の下、患者・利用者の「あるべき生活の形」を想定しながら、多職種が連携してケアしていく形を、地域の中で構築することが必要です（地域包括ケア）。

後述する埼玉県和光市では、こうした連携の難しい多職種のスタッフを一堂に会して、問題となるお年寄りのケース一人ひとりを検討し、連携し合って有効なケアを行う体制を構築しました。和光市のケアカンファレンスには、全国から見学者が殺到しています。

多職種が連携してケアする時代には
ファシリテーション手法が不可欠

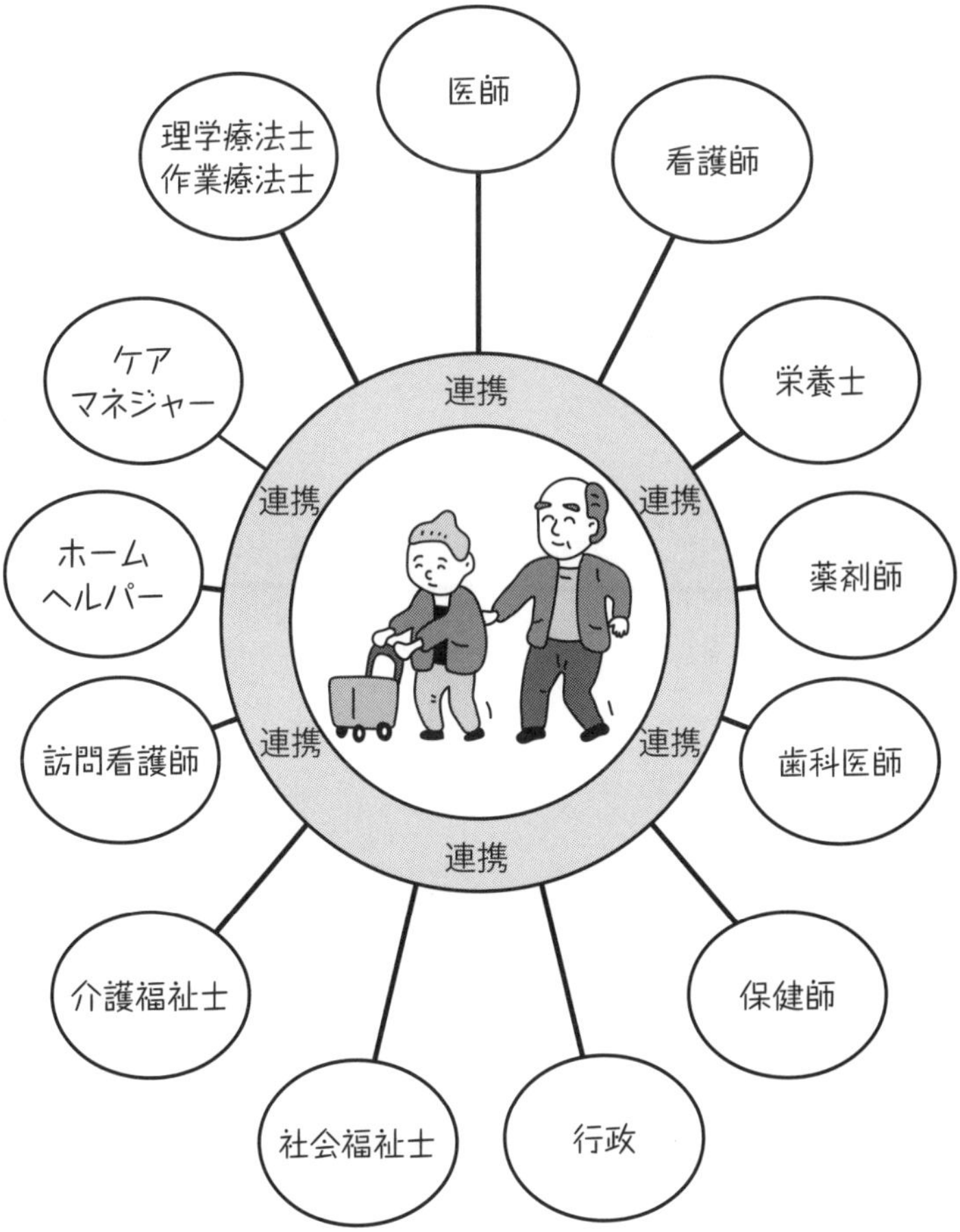

学校の授業が〝ワークショップ〟になり、先生がファシリテーターになる!!

２０１７年に実施される小・中学校の学習指導要領の改訂に当たり、「主体的・対話的で深い学び」として、アクティブラーニングという手法が全科目に導入されます。

アクティブラーニングとは、従来のような教師から児童・生徒への一方通行の授業ではなく、グループディスカッションやワークショップ、フィールドワーク等を用いて、生徒たち「学ぶ側」が主体的に学んでいく形での授業を展開していくことを意味します。これは、従来は学習の「内容」を規定していた学習指導要領が、学習の「方法」にまで立ち入ったものとして、画期的なことです。

教育界ではこれまでも「調べ学習」や「ディベート」「反転学習」（生徒が予習をして授業に臨み、授業では論点を中心に議論を行う）「総合的な学習の時間」など、様々な形で生徒の「主体性」を引き出す手法を開発・実践してきましたが、アクティブラーニングは従来の「ティーチング（教えること）」から「ラーニング（学ぶこと）」へと大きくシフトさせるものとして、注目されます。

アクティブラーニングの手法の多くはファシリテーションの技法に基づいており、これからの教員はまさにファシリテーターとして、子供の可能性を引き出す役割をもつのです。

アクティブラーニングで先生に求められるもの

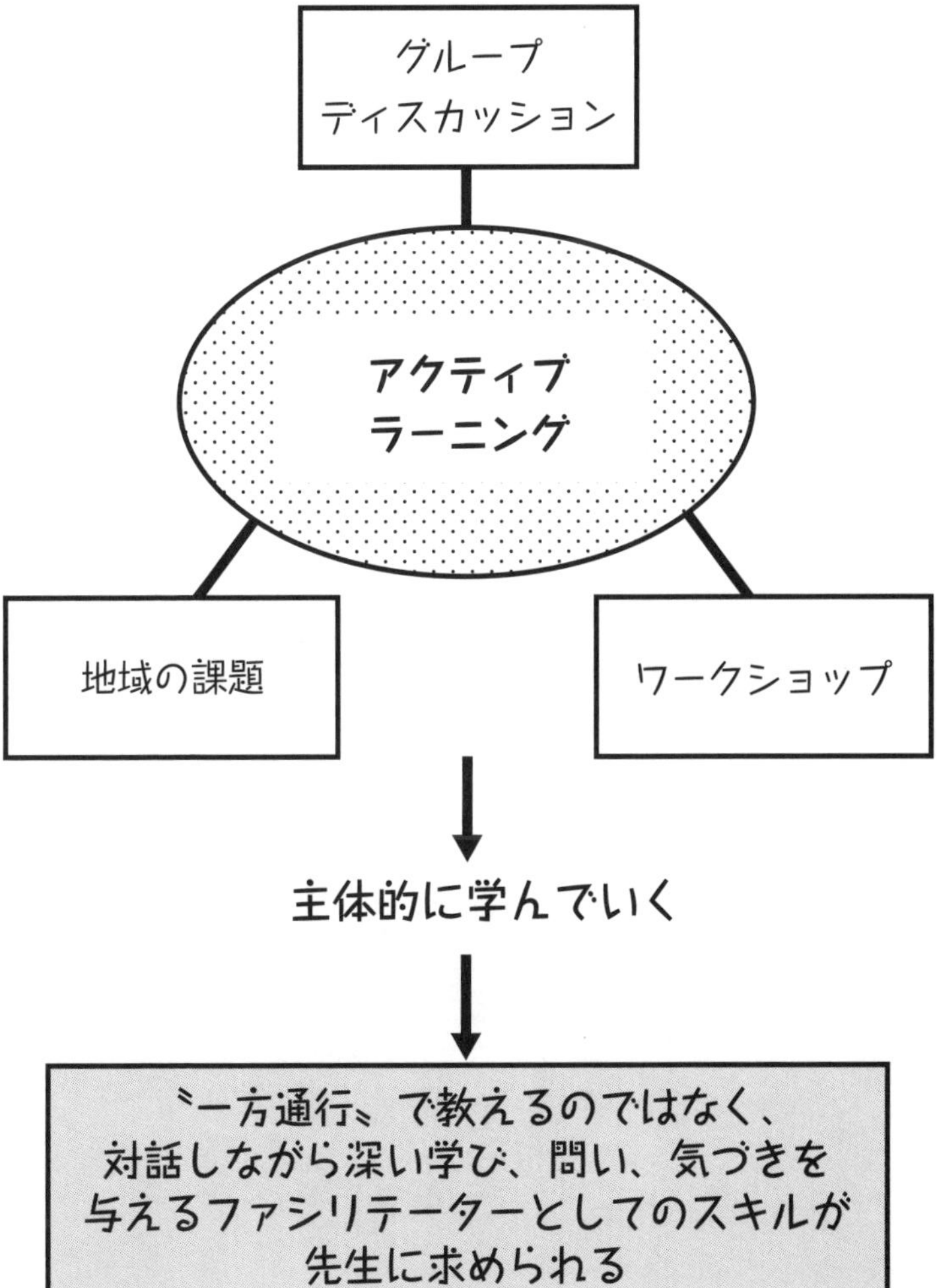
グループ
ディスカッション
アクティブ
ラーニング
地域の課題
ワークショップ
主体的に学んでいく
〝一方通行〟で教えるのではなく、
対話しながら深い学び、問い、気づきを
与えるファシリテーターとしてのスキルが
先生に求められる

パート2
「ファシリテーションの時代」を表す10のキーワード

①ダイバーシティ

ここからしばらく、ファシリテーション的な思考と実践が必要度を増している、今の世の中の背景をキーワードを手掛かりに述べていきます。はじめは「ダイバーシティ」です。

ダイバーシティとは「多様性」を意味する英語ですが、組織論や労務・人材活用の世界では、《人種・性別・信条・年齢……その他個人が抱える様々な属性や価値観の違いを前提としつつも、それらを「多様性」として受け入れることで、新たな活力やマーケットへの対応力を引き出していく、新たなマネジメントのあり方》を意味しています。

かつて、日本の企業は入社以来〝同じ釜の飯〟を食べた社員同士の、同質化した価値観をもつメンバーで構成されていました。そこでは会社からの画一的な方針や指示に基づき効率的な業務遂行を行うことが期待されました。しかし現代のように多様な価値観や嗜好性が求められる時代になると、様々な事情や価値観をもった人々を活用しないと、マーケットや顧客のニーズに応えられなくなってきました。それは単に企業活動の場だけでなく、行政における住民のニーズや学校教育での児童・生徒のニーズを含め、社会のあらゆる場面で起きていることです。ファシリテーションはまさに、多様な意見をいかに引き出し、共有して一つの方向を見出すか、という点で大きな力を発揮します。

ダイバーシティ

これまで……
同質的な価値観のメンバーが、
統一された方針の下で体系的に組織されて事業を推進

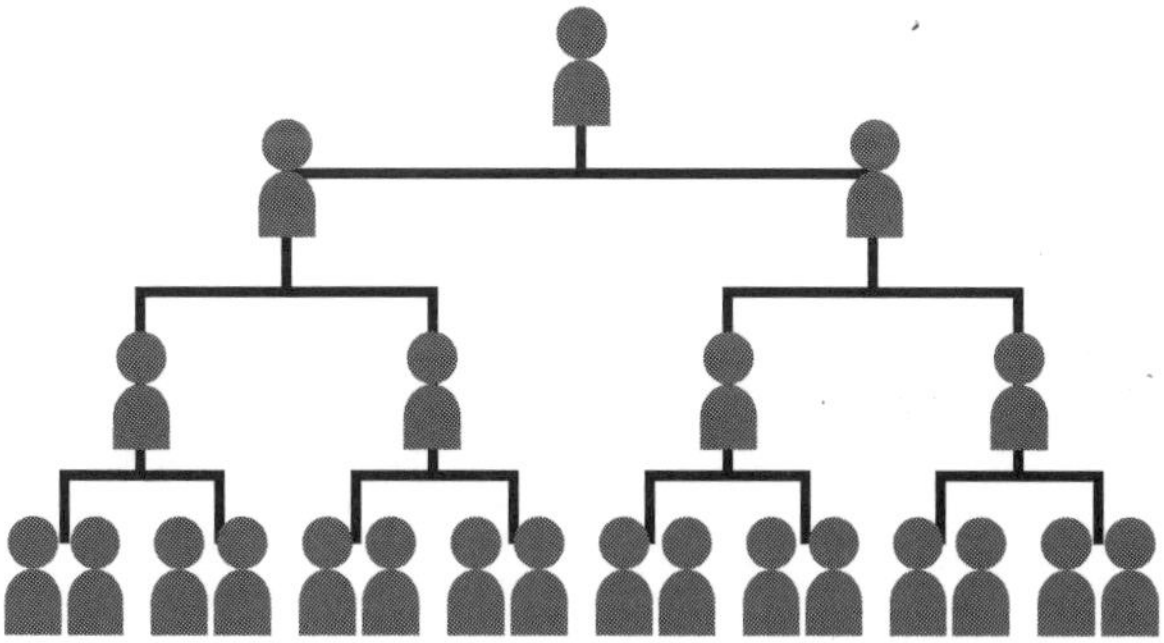

これから……

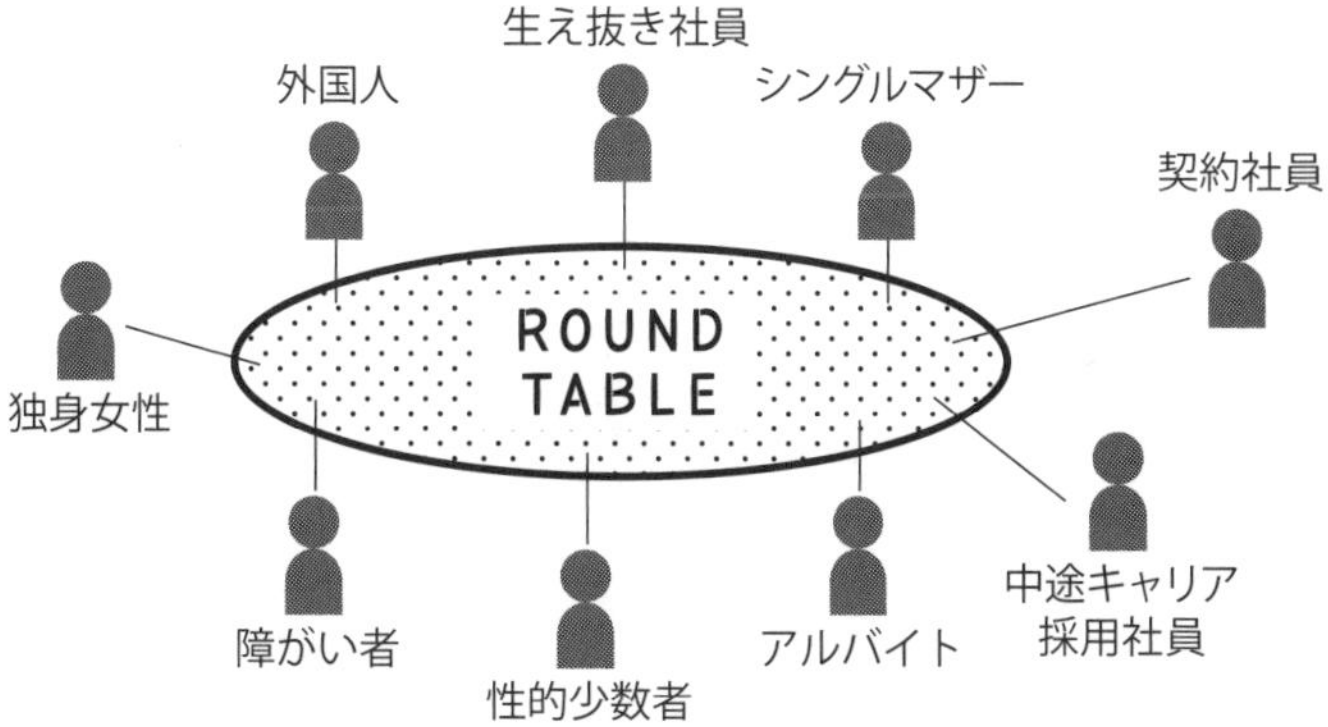

多様な背景と価値観をもつメンバーが智恵を出し合って
課題を解決

②組織のフラット化・ネットワーク組織化

「ダイバーシティ」は組織のあり方を大きく変えました。

かつての日本社会は「タテ社会」といわれたように、上意下達を旨とする多階層の「タテ組織」で構成されていました。それは、上司や上役ほど多くの情報と決定権限をもち、それをそのまま組織の上から下へと「おろしていく」ことで、効率的な業務運営が可能だったことを意味します。高度成長という単純な社会構造が背景にありました。

時代は変わり、多様性と変化、そして複雑性が極限まで進んだ今の社会では、たとえば上司の方針や指示が正しいとは限りません。また、かつて上役に集中していた様々な情報も、インターネットやSNSによって「今日入ったアルバイトのほうが、社長よりもトレンドや顧客ニーズを良く知っている」ことが当たり前になりました。つまりインターネットによる情報革命により、従来の「タテ組織」では企業が成り立たなくなったのです。

そこで、ダイバーシティの登場です。ダイバーシティで多様化した「働き手」を単に〝マネジメントの難しい相手〟とみるのではなく、多様な価値観やアイデア、情報をもつ重要な〝資源〟とみるのです。そして階層の少ないフラットな組織によって、彼らのきめ細かい情報や知識をファシリテーションによってくみ取ることが、重要な課題となってきたのです。

プロセス③　拡散─3　　ワールドカフェ

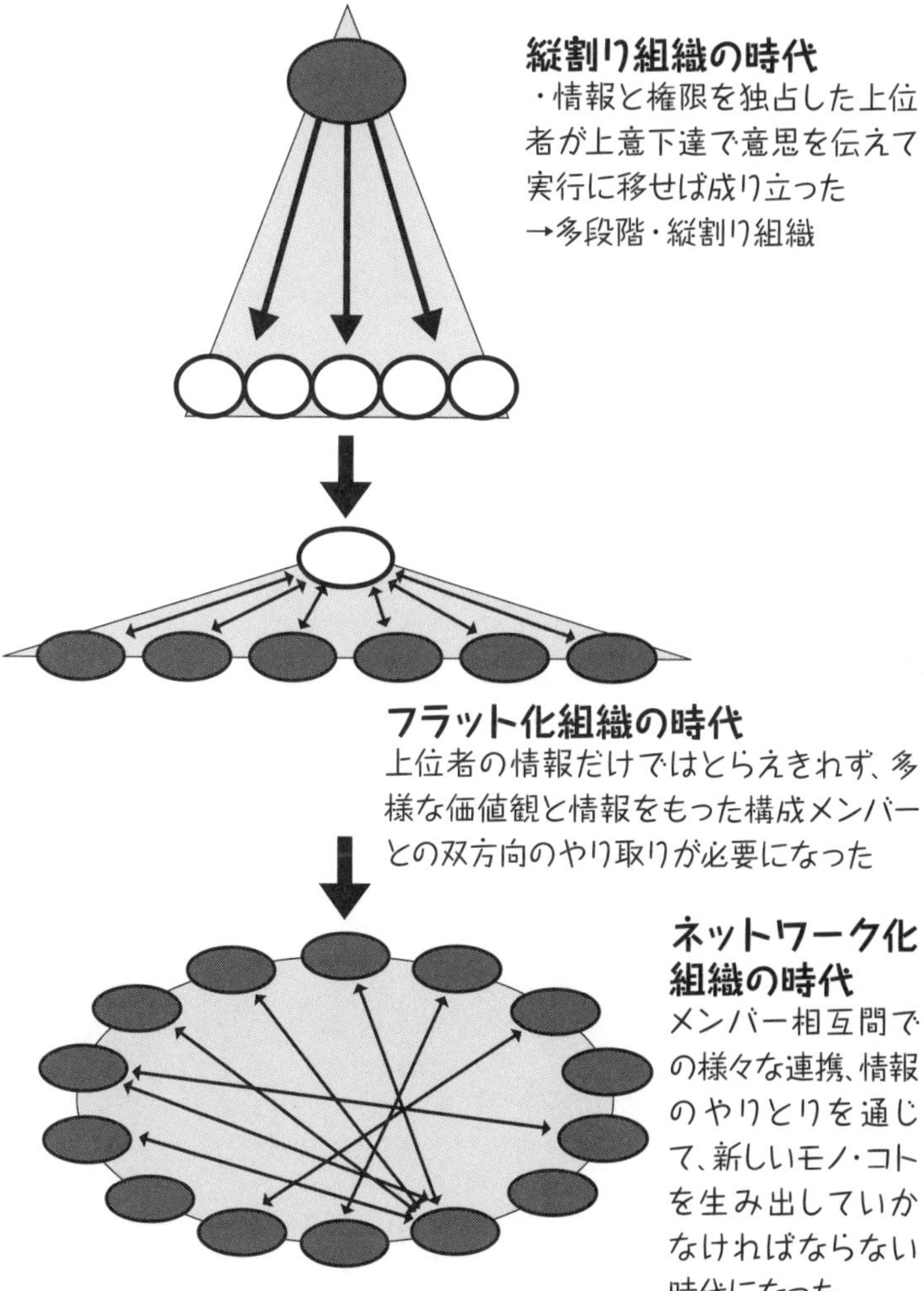
縦割り組織の時代
・情報と権限を独占した上位者が上意下達で意思を伝えて実行に移せば成り立った
→多段階・縦割り組織
フラット化組織の時代
上位者の情報だけではとらえきれず、多様な価値観と情報をもった構成メンバーとの双方向のやり取りが必要になった
ネットワーク化組織の時代
メンバー相互間での様々な連携、情報のやりとりを通じて、新しいモノ・コトを生み出していかなければならない時代になった

③奉仕型リーダーシップ

テレビの番組で、対照的なリーダーのあり方を示す2つの刑事ドラマがあります。一つは渡瀬恒彦扮する〝警視庁捜査一課9係の〟加納係長、もう一つは内藤剛志演じる〝警視庁捜査一課長〟の大岩課長です（ともにテレビ朝日系列）。

「9係」の加納係長は〝昼行燈〟と呼ばれ、捜査の基本的な指示はすべて部下のリーダーに任せ、自分も一捜査員として活動しながらも、自分の席ではコーヒーを入れたり料理をつくったりしている。しかし最後には決定的な証拠をつかみ、それをさりげなく部下にわからせて逮捕に至ります。他方の「捜査一課長」大岩課長は、大部屋に設けられた捜査本部で、強烈なリーダーシップをもって多くの捜査員を直接指示し、気合と根性でみんなを引っ張ってホシを挙げる……。まさに対照的なリーダーシップの形があらわれています。

リーダーシップについては「権威型」「民主型」「放任型」などのタイプ別分類をはじめこれまで多くのことが研究・実践されてきましたが、これからの時代に求められるのは「奉仕型リーダーシップ」、つまりメンバーのもてる力や個性をいかに引き出していけるかが決め手になっています。いわば「9係」型のリーダーシップが必要なのです。そして、ファシリテーションは新たなリーダーシップの必須スキルといえるのです。

これからのリーダーシップのスキルとは?

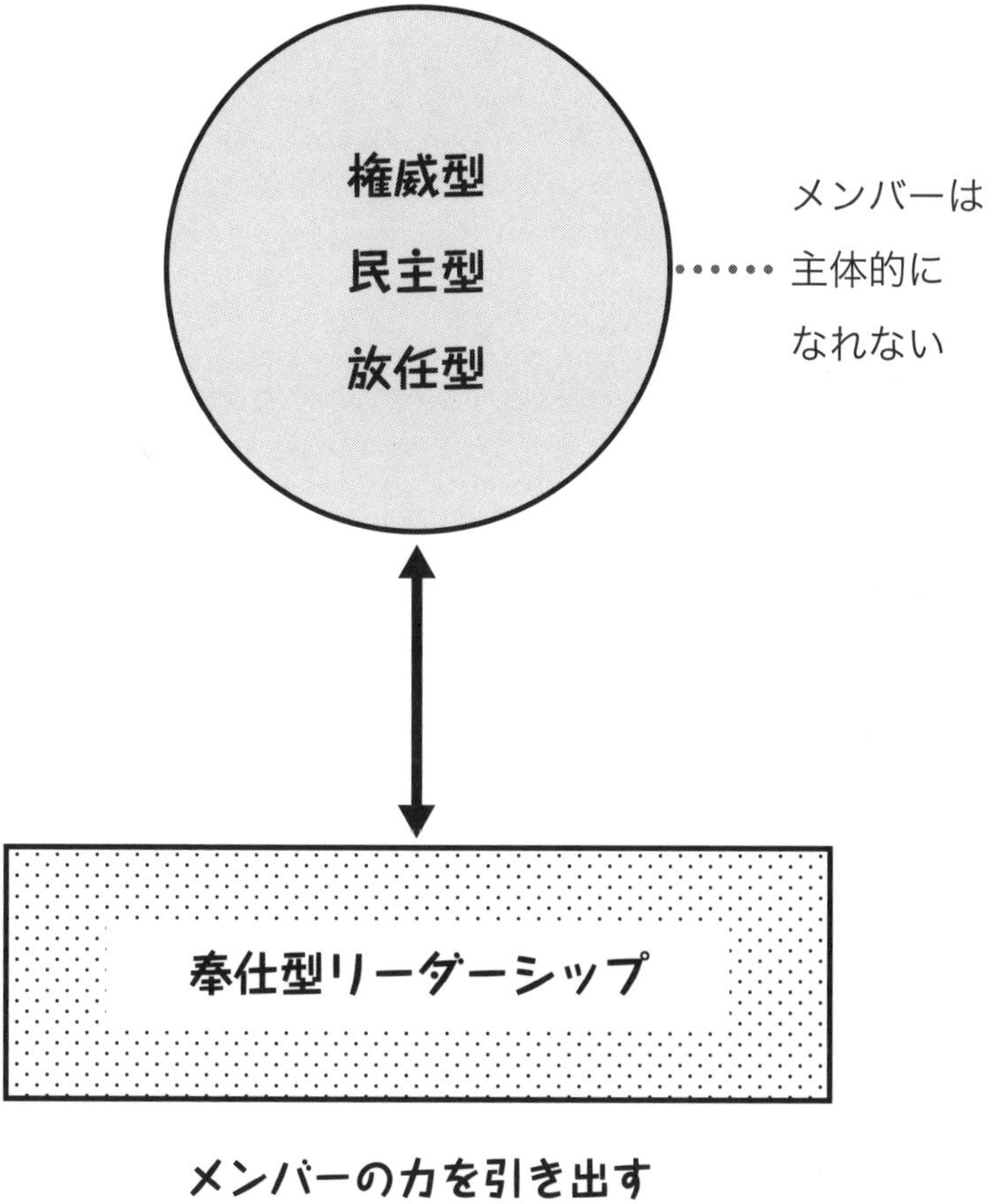

④体験型社会（ユーザーエクスペリエンスの時代）

「買物体験」「学習体験」「旅行体験」……。最近、○○体験という言葉を多く耳にします。それは一般のモノやサービスだけでなく、たとえばＩＴ業界やＷＥＢシステムの世界でも、ＵＸ（ユーザーエクスペリエンス）といういい方で、コンピューターの複雑なプログラムをアプリケーションとしてユーザー（利用者）に提供するときの、重要なチェックポイントになっています。

「消費者起点・顧客視点のモノづくり」は、多くの企業が「理念」や「方針」として掲げてきました。しかし過剰な「物」と過剰な「情報」が社会に行き渡った今、顧客が求めるのは、モノや情報を使って自分はどんな気分になれるのか、今までとどこが違うのか、という「体験消費」に移っています。体験の良し悪しが、顧客のその製品へのコミットの度合を決める決定的な要素になっているのです。

こうした傾向はビジネスの現場であるプロジェクトや話し合いの参加者にも現れます。自分がその仕事やプロジェクトを通じてどんな「体験」をするかは、プロジェクトの進め方に大きく依存します。参加者に当事者意識をもって、主体的に「参画」してもらえるプロジェクトを実現する上で、ファシリテーションは不可欠な手法といえます。

体験する〝場〟が大切

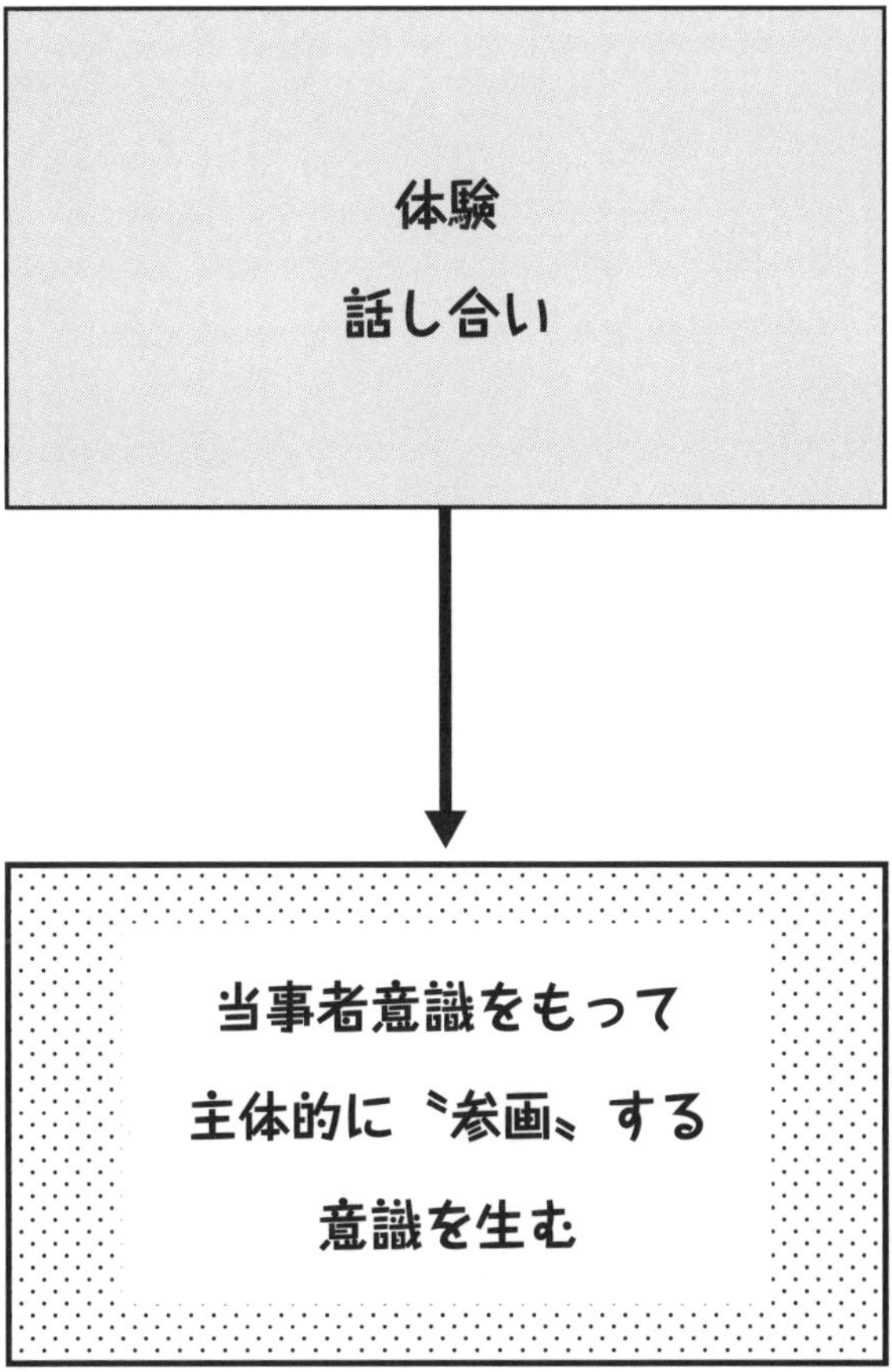

⑤自分事化（じぶんごとか）

「人を巻き込むテクニック」「自分事化（じぶんごとか）が組織を変える」「いかにしてプロジェクトメンバーに当事者意識をもってもらうか」。最近よく耳にするこれらの言葉も、ファシリテーションと深いつながりがあります。前項で挙げた「体験」や「UX」とも関係が深く、企業だけでなく地域社会の住民や教育現場の生徒たちが、目の前に起きていることをどれだけ「自分にとってのテーマだ」と思えるかどうかによって、取り組みにかける思いやパワー、そして最終的な成果が大きく違ってきます。

自分事化が叫ばれる背景には、あふれんばかりの情報洪水と、社会やテクノロジーが大きな変化の渦のなかにあるといった現代の社会状況があります。そうした中で、自分がどんなテーマにコミットするのか、そこでは何が課題であり、克服のためにどんなアイデアや可能性があるのか、といった基本的な思考のフレームを打ち立てにくくなっている、裏返せば、自分の問題として物事をとらえ、共有していくことが今ほど大切な時代はないといえます。

ファシリテーションでは参加者全員が「当事者」です。どんなテーマでも各自が思いを出し合い、多様性と共通点を見出すプロセスが、ファシリテーションの中軸といえます。

"当事者"になるとどんな効果が生まれるのか

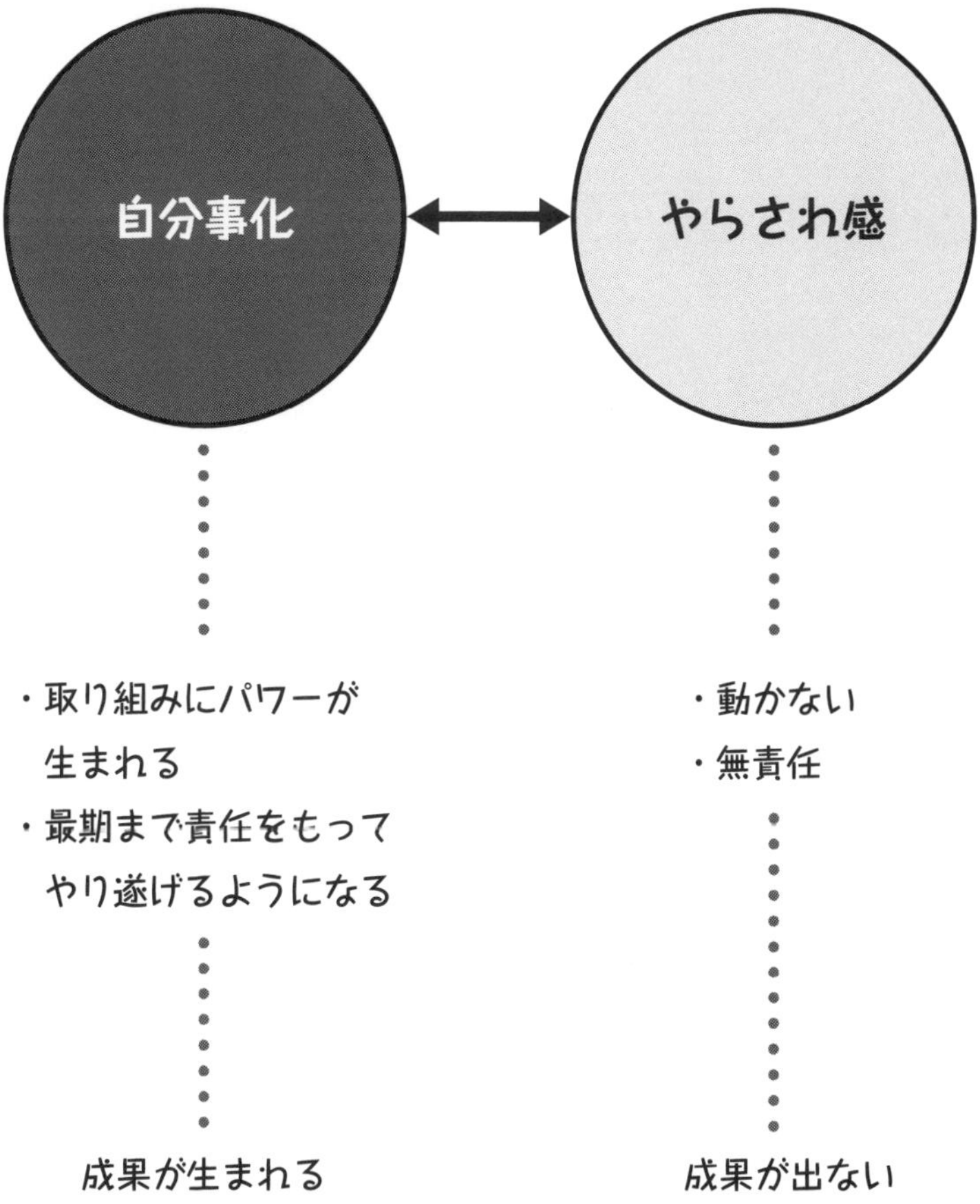

⑥共通言語化

「伝え方が9割」「あなたの話はなぜ通じないのか」「伝えることからはじめよう」。書店の棚には、「伝え方」に関する多くの書籍や雑誌のタイトルが並んでいます。インターネットやSNSなどの情報テクノロジーが極限まで進化し、誰もがスマホを手に生きているこの世の中で、なぜこれほど「伝わらない」と感じている人がいるのか不思議です。それはまるで、バベルの塔をつくった人間の思い上がりを罰するために、神がそれまで同じ言葉を話していた人間たちの「言語」をバラバラにしたという旧約聖書の話のごとく、同じ「言語」を話していても「言葉」が通じない状況が起きています。

同じ日本語でも、仮に全く同じ言葉遣いでも、そこに込める意味や価値は人によって違います。なぜなら言葉に込められる「意味」は、その人間が特定の経緯や背景、文脈の中で存在するものだからで、背景や文脈を共有できなければ同じ日本語でも言葉は通じないからです。裏を返せば言葉が通じる仲間になるためには、話し手の背景や文脈が不可欠であり、情報があふれる今の時代こそ相手の文脈（コンテキスト）の理解が必要です。「ファシリテーション」は、参加者同士が相手の発言の背景や文脈を共有しながら進めることで、メンバー相互が「言葉の通じる仲間」になることを可能にします。

言葉が通じる仲間をつくるプロセスが大切

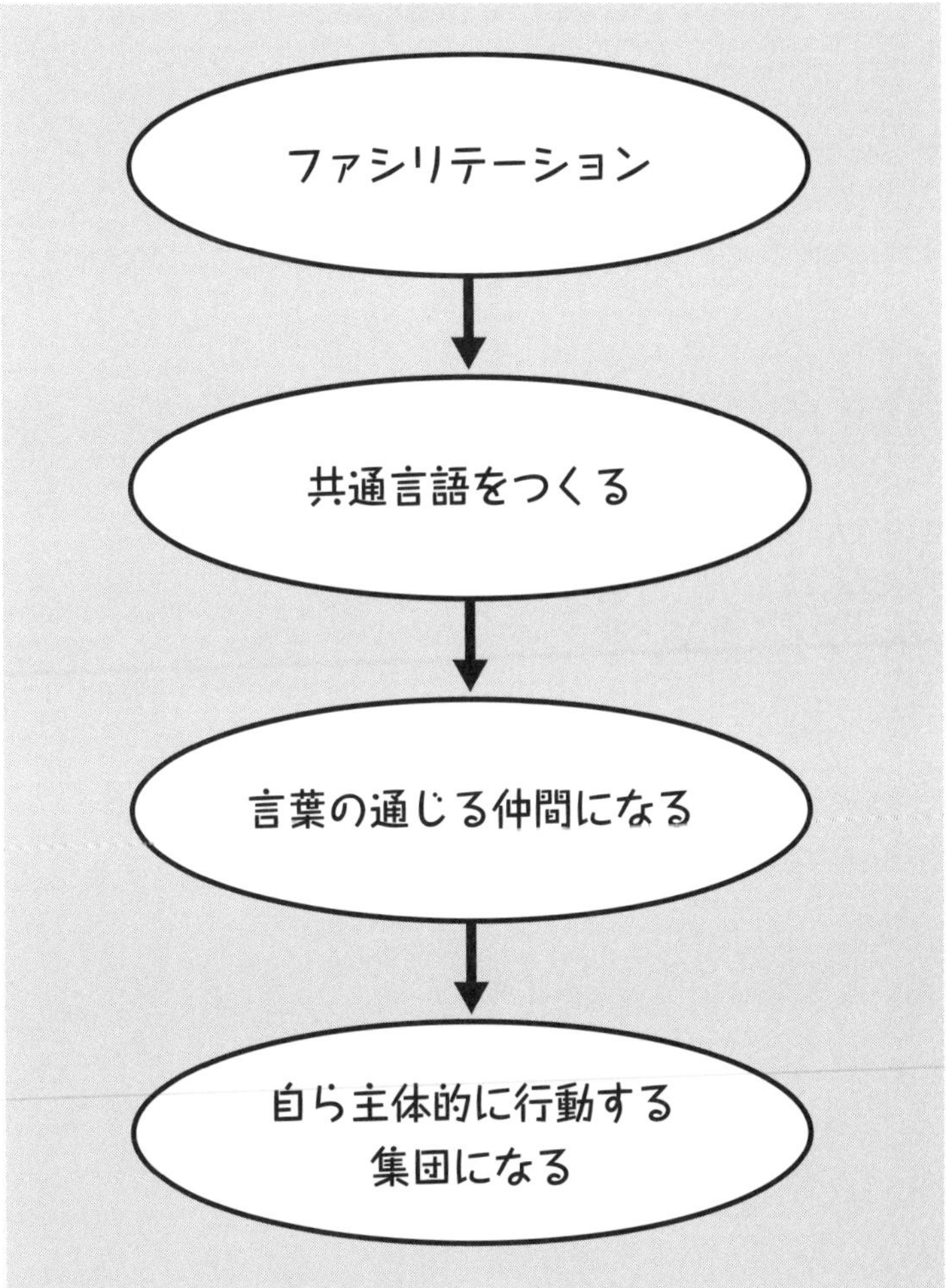

⑦シェアリング

「それでは今のワークの結果をお隣の人とシェアしてください」

「今日のファシリテーションで感じたことを、グループの中でシェアしましょう」

ワークショップの現場では、「シェア」ということが多くいわれます。それは、参加者がテーマに対して考えたことを、その時その場で誰かとシェアする＝分かち合うことによって思いを共有し、自らの「体験」としてとらえ、当事者意識をもつようになるための重要な場面です。

シェアハウス、カーシェアリング、シェアオフィス、ワークシェアリング、……最近では「シェアリング」という言葉が様々な分野で語られています。その背景には、限りある資源の中でいかに持続可能な社会を構築していくか、といった大きなテーマがあります。たとえばアメリカでは、自分の所有する部屋や車を、その時必要な人にサイトを通じて貸し出すサービス（エアビーアンドビー／ウーバー）が生まれており、「シェアリングエコノミー」という新たな自由経済として注目されています。ファシリテーションで用いられる「シェア」の背景には、こうした社会的なトレンドが色濃く存在しているのです。

シェアリングで行動するパワーが生まれる

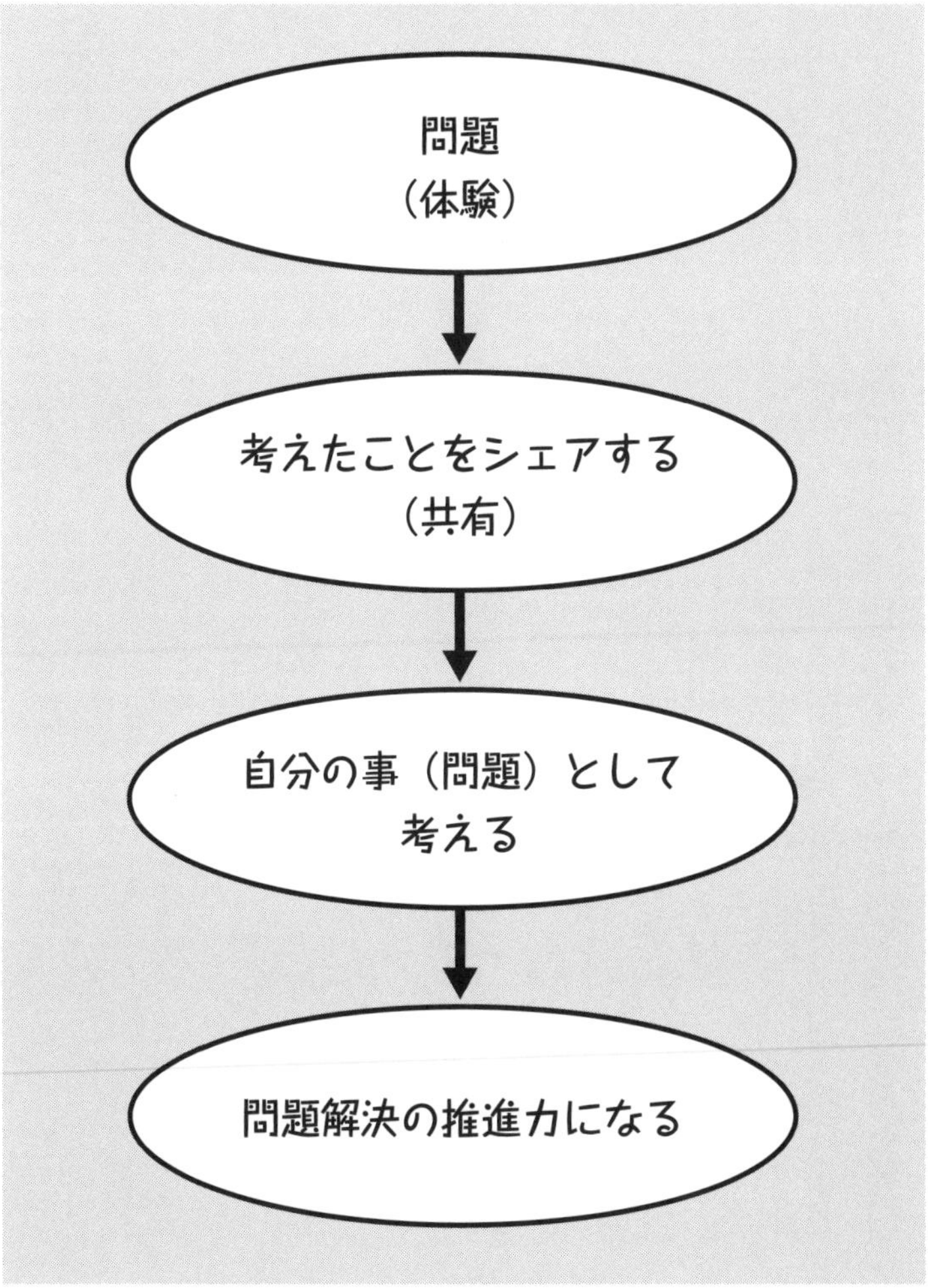

⑧SNS社会

「メールチェックで半日つぶれる」「隣の席の人にもメールで伝える」……。大変な世の中になりましたがイマドキのオフィスの現実です。電車の中では誰もがスマホをいじり、情報獲得やコミュニケーションには何の不自由もない時代、なのにつながっている感じがしない……。そんな時代の雰囲気が、SNS炎上などのトラブルを生むのもうなづけます。

情報過多の中でだれもが「思いを発信」できる「一億総情報発信者時代」の中で、多様な価値観と背景を洞察する間もなく情報が行きかうSNS時代だからこそ、今改めて人間同士の〝共感〟の意味が問われています。

SNSは確かに〝いいね〟という手法で人間同士の共感伝達を可能にしましたが、そこにはフォトジェニックなインスタ画像への感覚的なものから、相手の主張への深い「理解」や「同意」まで、実に様々な次元とレベルが玉石混交で混在しています。

ファシリテーションは、こうした背景の中で、現実に人々が集まり、制約のない雰囲気で本当の思いを語り合う場です。そして、言葉のレベルや背景を理解し合いながら、参加者全員の本当の「共感」を得るプロセスを体験することで、次のアクションへの強いモチベーションを得ることができるのです。

共感と同意の〝体験コミュニケーション〟

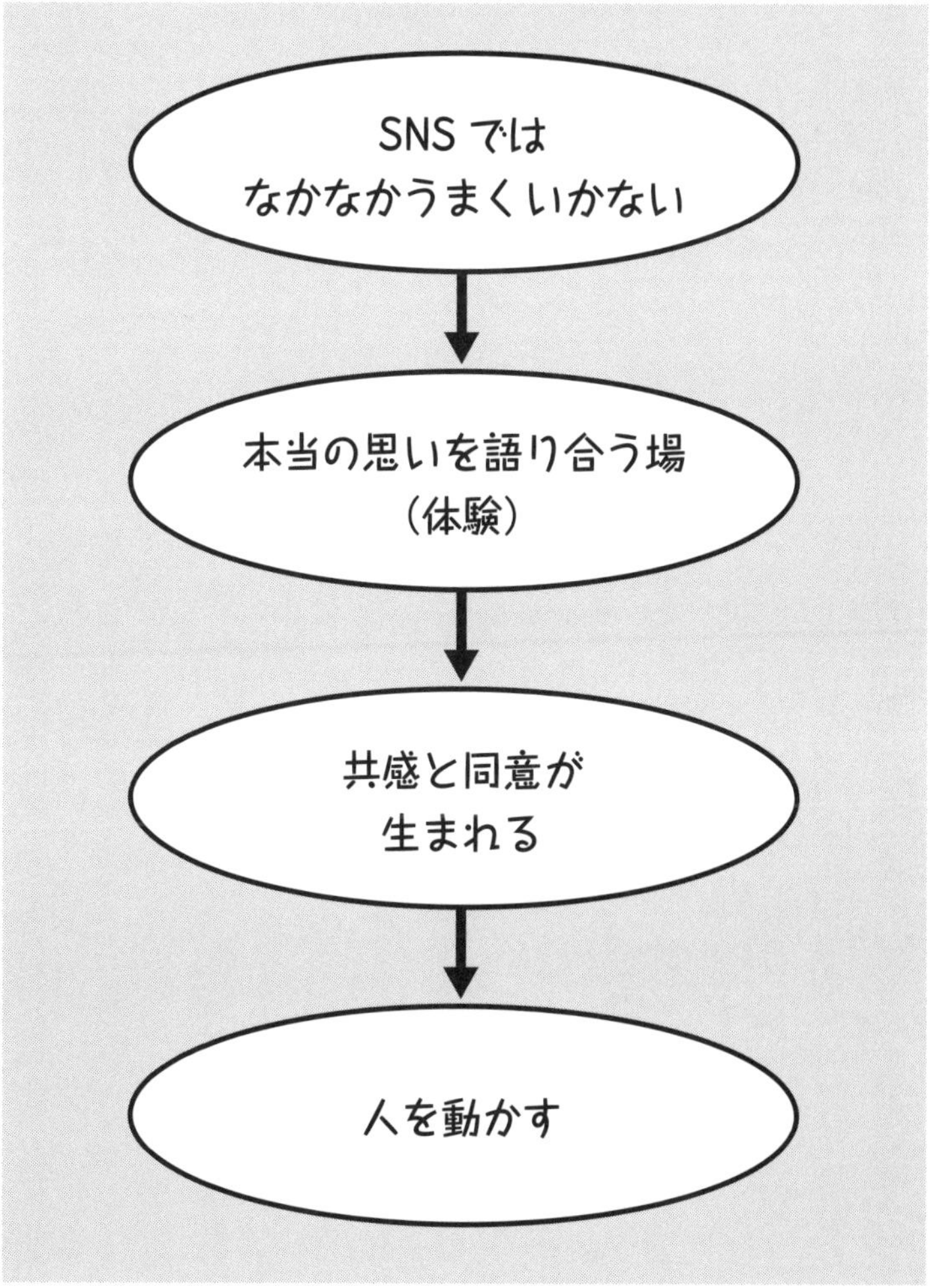

⑨働き方改革

先般起きた「電通事件」を契機として、改めて日本人の働き方が見直されています。組織の体制や風土、上司と部下・同僚の関係、仕事の難易度と本人のスキルレベル、チームワークの質、業界の違いや職務の特質……。ありとあらゆる要素が絡むこの問題は古くて新しい職場の問題ですが、最近では「7時に帰ります！」と書かれたゼッケンをつけて働く従業員の姿もみられ、いよいよこの問題が抜き差しならなくなったことが伺えます。

働き方はIT化やシステム化で解決される部分も多くありますが、その前提には「仕事の仕方・させ方」が変わらないと、コストをかけてつくったシステムも使われないという現実があります。つまり、メンバー一人ひとりが〝やらされ感〟から脱して、どれだけ「自分の問題」として仕事に向き合えるか、同時にそうした主体的な働き方を会社や組織が認めるか、という点が、在宅勤務をはじめ、働き方改革の鍵を握っているのです。

ファシリテーションは、上司部下の関係や組織内での役割を超えて、テーマや課題そのものに全員で向き合う場を提供します。そして課題の原因や方向性に対してメンバーが強く共有した上で、誰に指示されることもなく各自が主体的に「やるべきこと」を決めて実行していく、まさに新たな時代の「働き方」をトレーニングする場なのです。

〝しくみ〟だけでは人の心は動かない?

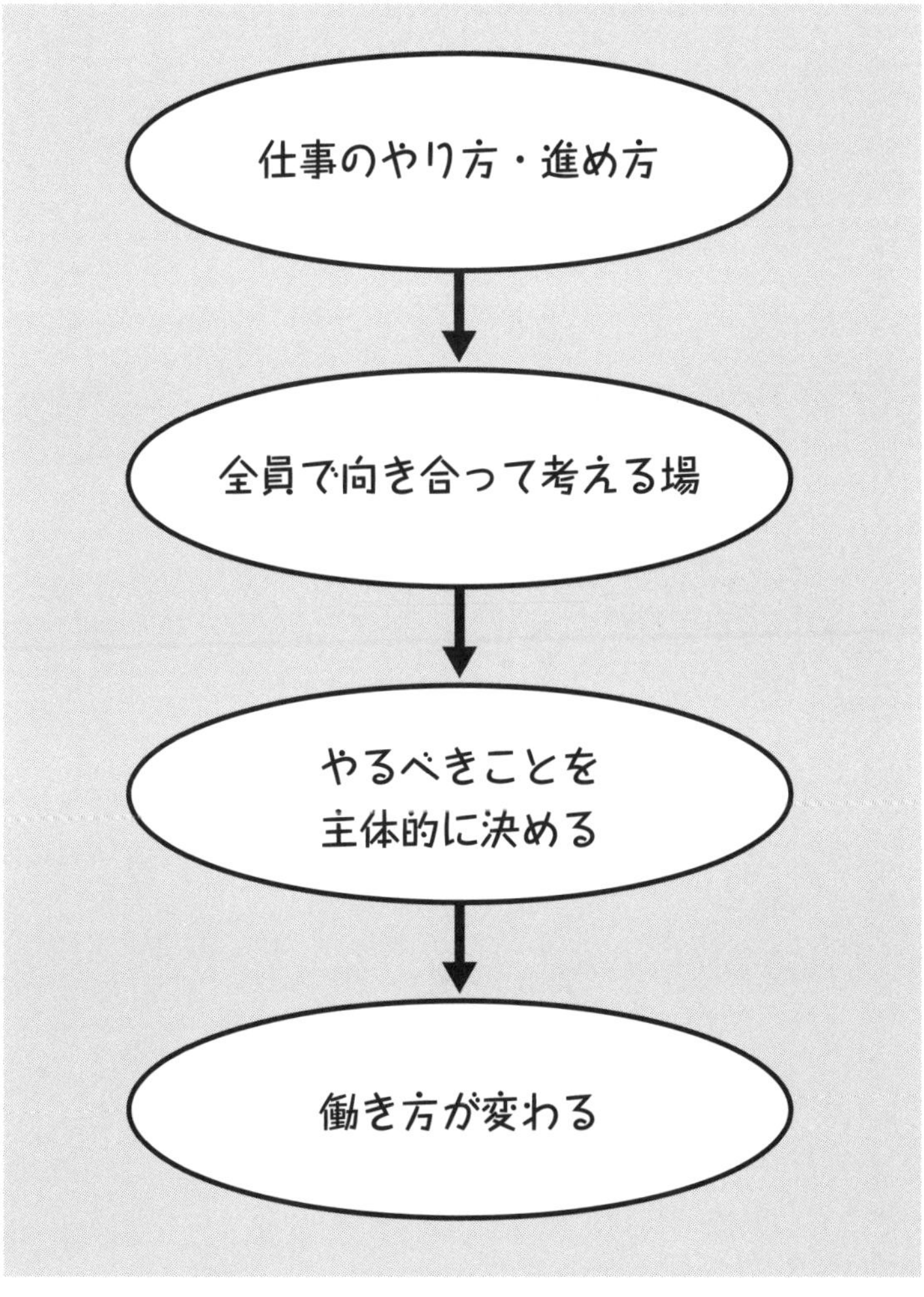

⑩未来志向

「それでは、今から100年後、2117年の人になったつもりで、この100年間に一番うれしかったことを、お隣の方と話し合ってください」

〝フューチャーセンター〟と呼ばれる「未来」を考えるワークショップは、ファシリテーターのこんな呼びかけでスタートします。普通に生きていたら絶対に考えないような問いと、それを考える自由な時間・空間を用意できるのも、ファシリテーションの強みです。

高度成長ははるか昔に終わったにもかかわらず、企業から行政まで、社会のしくみは高度成長時代の発想やしくみを引きずっている場面がいまだに多く見られます。新規事業の提案は既存事業の基準で収益性が問われ、ビジョンを語れば「今日の売上」が問われる。確かに未来は予測が難しいですが、今ほど「未来」を考えることが必要な時もありません。

ファシリテーションやワークショップは、既存の制約条件を外した中で、どういうことがあり得るのか、何が良いことか、何が考えられるかについて自由に発想を広げるための有効な場を提供します。組織も役割も責任も忘れて、一人の人間としてどう思うのか、そうした真摯なスタンスを呼び起こすことこそ、「不確かな未来」を構想するうえで、一番大事なことなのです。

ファシリテーションの場が生み出す未来志向の姿

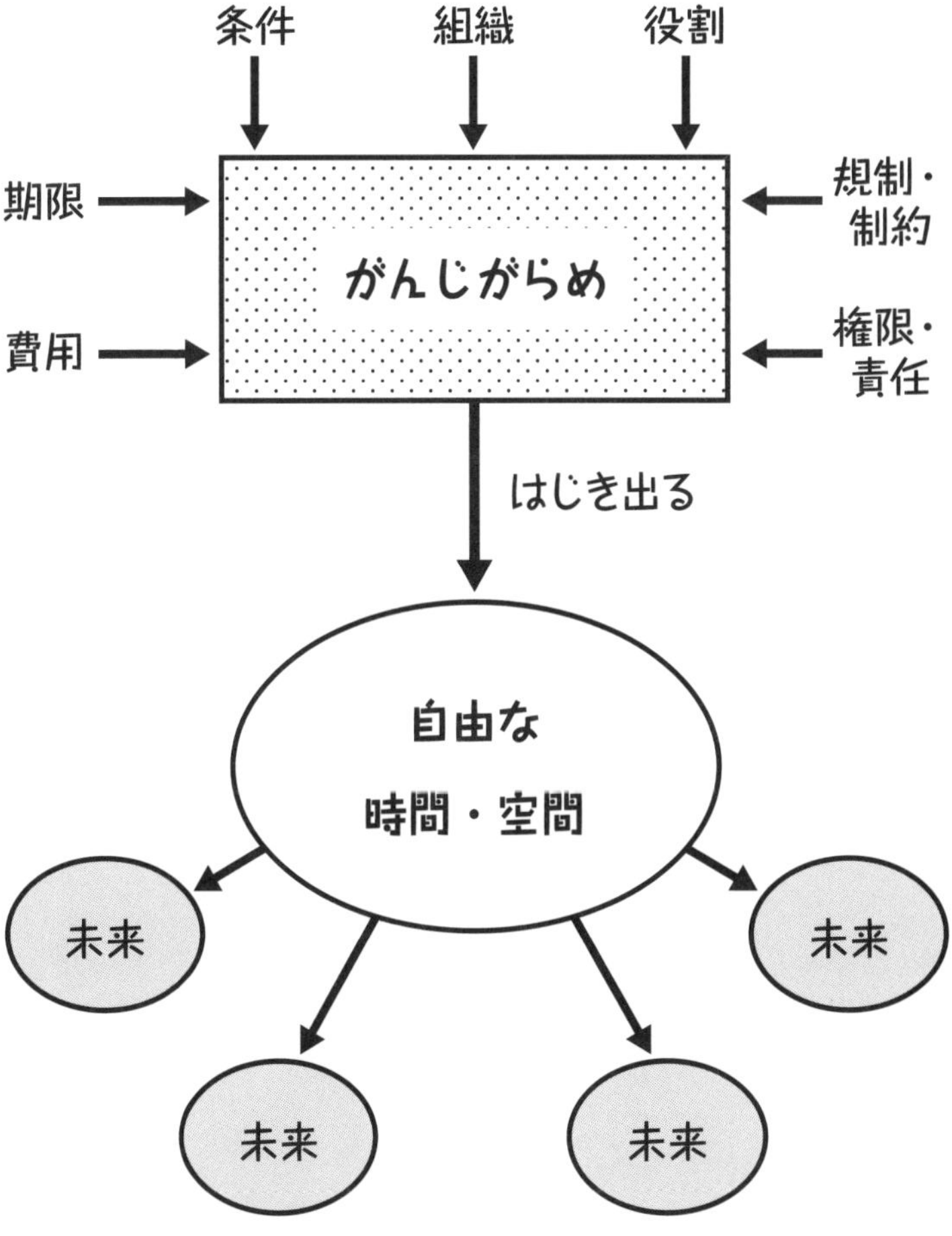

ファシリテーションは共有による主体的パワーを生む

これまで述べてきた10個のキーワードを振り返ってみましょう。

組織メンバーの属性や価値観の**多様化（ダイバーシティ）**や**組織のフラット化**の結果、求められるリーダーシップが、メンバーの力を引き出す**奉仕型・支援型**に変わっていきます。そしてその背景には、情報過多社会の中でこそ、自分にとっての価値や意味を求める**「体験」**や**「自分事化」**が、人や組織が動くための重要なファクターになっている状況があります。

他方で、多様化と情報洪水が進むほど**共通言語化**が求められ、情報テクノロジーの発達によって**シェアリングエコノミー**や**SNS社会**がもたらされる、そしてそれらをベースに**働き方革命**や、**未来志向**が可能になります。

これらのキーワードの先には、どんな社会が、またどんな人間同士の関係があるのでしょうか？　あふれる情報と多様な価値観をもった対等な人々が相互につながっている、しかしリアルな体験がなければ実感しないし本気で動かない。逆に共通の体験を通じて同じビジョンを共有しさえすれば、巨大なパワーで組織や社会を動かしていける。ファシリテーションとは、まさにそうした「共有」による「主体的パワー」を生む場なのです。

ファシリテーションの時代をあらわすキーワード10

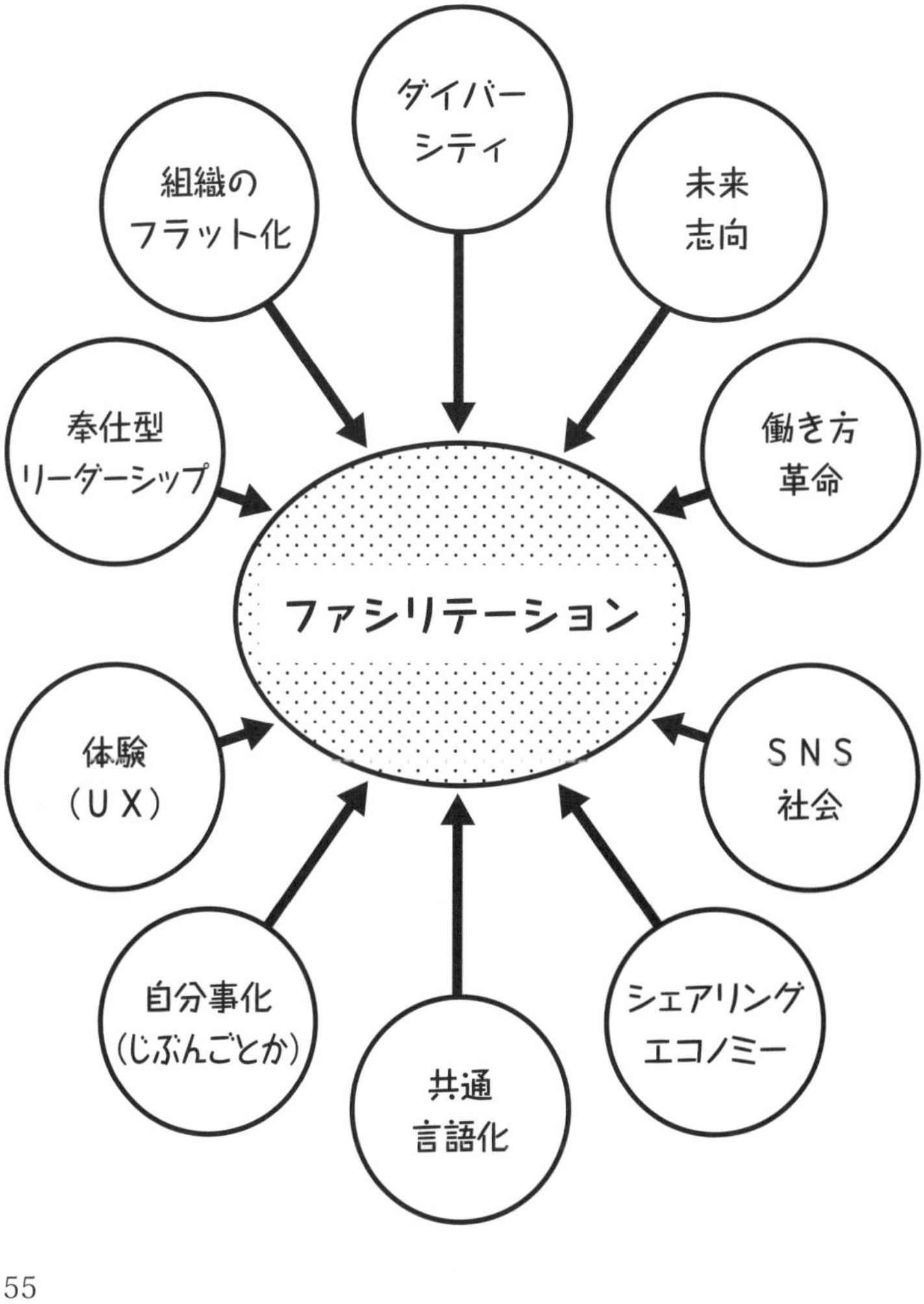

パート3
ファシリテーション超入門

「会議の進め方」を考えることがファシリテーション思考の第一歩

ここからはいよいよ、ファシリテーションの実際のプロセスに沿って、どんなステップで進めればいいかについて述べていきます。

本書冒頭で、参加者が勝手なことをいい合うミーティングを「4つの軸」で整理する若手社員の例を挙げました。彼がやったことは、売上が悪い事に対して「何が良い・悪い」「誰のせいだ」「何に原因がある」といった意見の〝中身〟ではなく、これらを一定の枠で可視化していく方法論を示したこと、つまり会議の〝進め方〟を提示したことです。この「中身」ではなく「進め方」（意見の出し方やゴールに至るプロセス）について関与することこそが、ファシリテーションの第一歩なのです。

ビジネスに限らず、人と人が話し合って何かを決めるときには2つの要素があります。それは「中身（コンテンツ）」と「過程（プロセス）」です。「これが良い、あれが悪い」というのが中身であるのに対して、「この会議の結論として、いつまでに、何を、どこまで決めればいいのか」と問うことがプロセスへの関与です。つまり、そもそも今こうして会議を開いている目的やゴール、そして進め方について明らかにし、明確にしていくことが、ファシリテーション思考の原点といえます。

中身よりプロセスを重視する

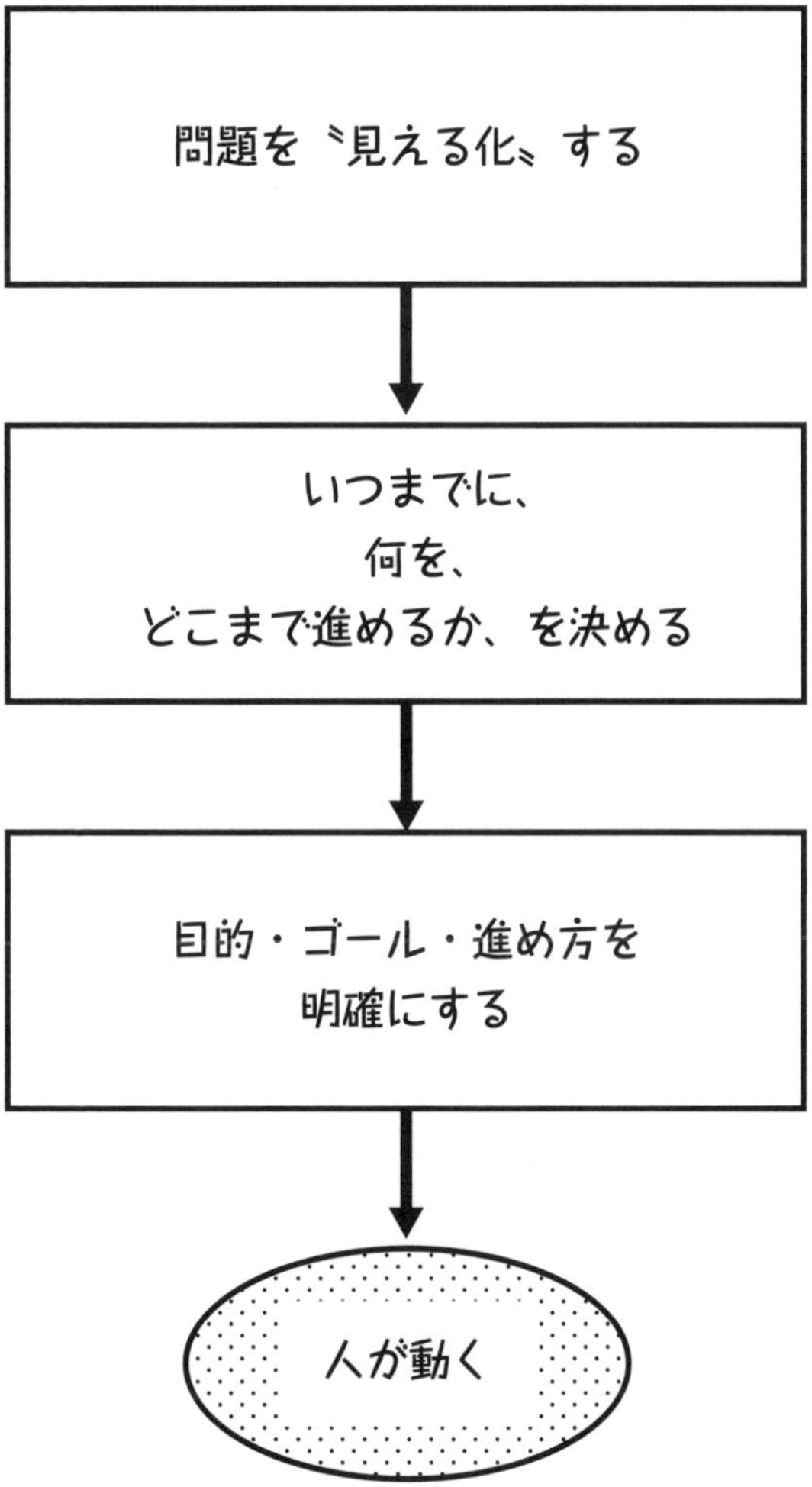

「促進する・容易にする」って何？

「ファシリテーションとは何か」については前に述べたように〝促進する、助長する、事を容易にする〟といった意味ですが、ファシリテーションの力が最も発揮される場面が「ワークショップ」です。今では企業の研修からまちづくりのミーティングまで、多くの場面でワークショップ型の話し合いが行われています。

ワークショップと普通の「会議」との違いは、会議が、何らかの組織上の役割をもった参加者たちが、会社、上司からの指示を受け止めながら、各自の役割の上で発言・議論するのに対して、ワークショップでは、組織上の役割や上下関係にとらわれずに、その時のテーマに対して自由に発言、議論することにあります。そしてそのワークショップをリードするのが「ファシリテーター」です。

それでは、会議の「司会者」とワークショップの「ファシリテーター」とでは何が違うのでしょうか。前者が一定の枠内で出席者の意見を聞いた上で、その時々の結論や方向性を導き出すのに対し、ファシリテーターは「中立的な立場でチームのプロセスを管理し、チームワークを引き出し、そのチームの成果が最大となるように支援する」、いわばテーマの中身ではなく、参加者の活動が容易に行えるように、プロセスの舵取りを行うのがファシリテーターなのです。

「促進する・容易にする」って何?…
会議とワークショップの違い　司会者とファシリテーターの違い

	会議	ワークショップ
参加者	組織・役割上の担当者	テーマに関わりある人ならだれでも可
スタンス	強制・ルーティン的	自由意志・主体的
進行	司会者	ファシリテーター
進め方	一方向的	双方向的
参加者の発言	立場や役割を意識 報告・連絡・説得・承認	立場にとらわれず自由 対話・協働・納得・学習
内容	あらかじめ決められた議題に対する報告や連絡事項中心、一定の枠内での結論	大きなテーマに対するアイデアの広がりと共有 思いもかけない結果・結論

	司会者	ファシリテーター
誰が(主体)	多くは組織上の上席者 上司・所属の長	ファシリテーションができる人ならだれでも(年齢や立場に関係ない)
何を(対象)	あらかじめ決められた審議・検討・決定事項	テーマに関わることであればすべて対象
いかに(方法)	事前に決めた発言者による説明と参加者の意見をもとに、議題の中身に関与し、妥当な結論を出す	参加メンバー=チームととらえ、ワークショップのプロセスに介入し、テーマの中身に関与せずチームのもてる力を最大限に発揮するための支援を行う

ファシリテーションの基本要素とプロセス

ワークショップでのファシリテーションは、左のようなプロセスに沿って行います。詳細は順を追って説明しますが、次のポイントがあります。

★チェックイン（場の設定）からチェックアウトまで、一貫した流れと雰囲気、スタンスを保つこと。

★どういうテーマについて、誰に参加してもらい、どういうセッションをどんな時間配分で行って、メンバーの意思をいかに引き出すかをあらかじめ入念に「設計」すること。

★拡散フェイズから混沌フェイズの時間を惜しむことなく、可能な限り参加者の思いを引き出すこと。

★収束から共有に当たっては、各種の整理フォーマット（80〜85頁参照）を活用するとともに、参加者が自分たちで意見集約し、共有したのだという実感＝体験を得る形にすること。

★ワークショップのやり方だけが上手になる「ワークショップのためのワークショップ」を戒め、あくまでもメンバーのワークショップ後の行動の変化・変容を重視すること。

★ワークショップ型の会議や仕事の仕方が、組織やチームの「仕事の進め方」となることをめざし、継続して開催すること。

ファシリテーションの基本要素とプロセス

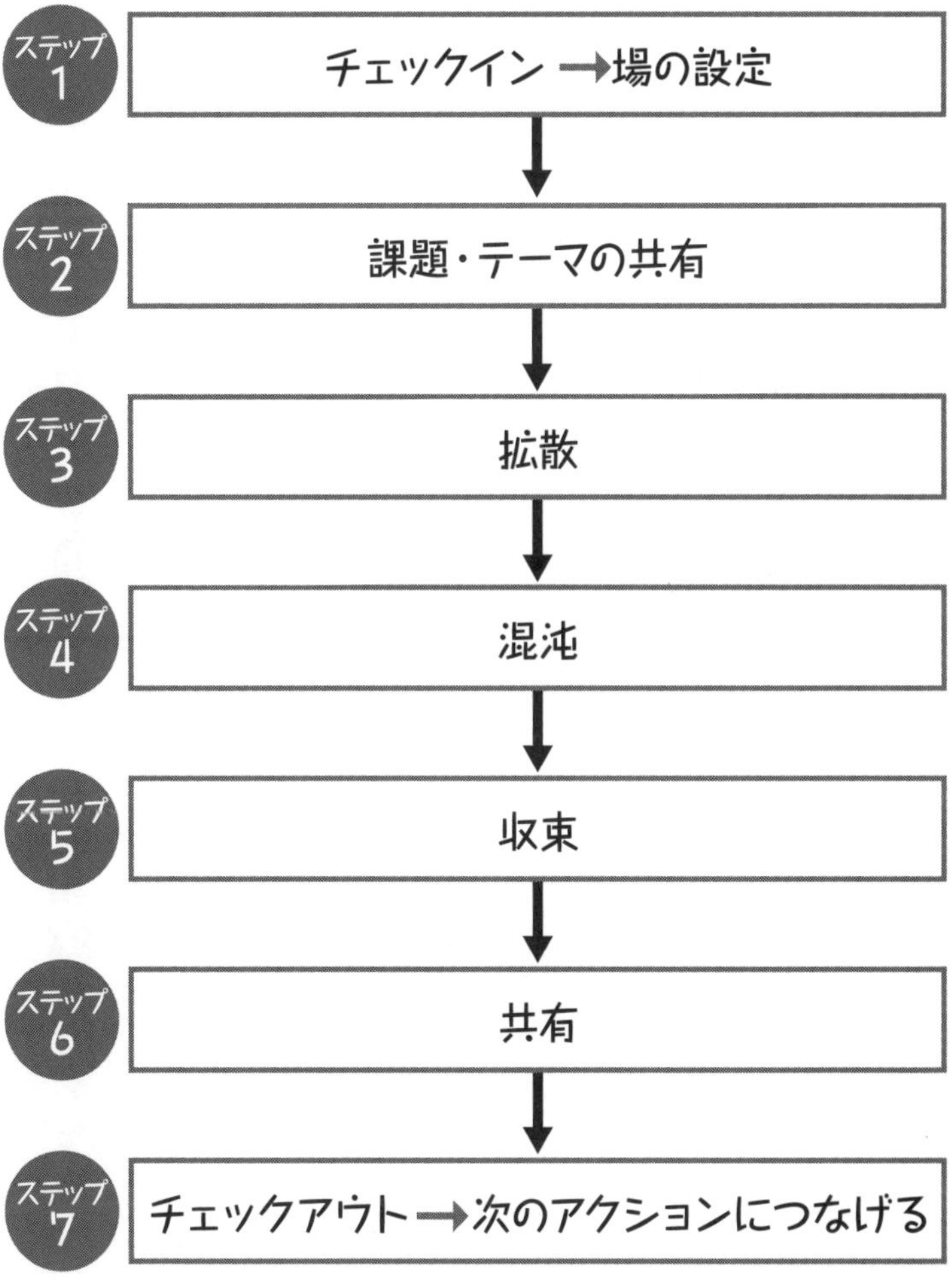

プロセス①　チェックイン＝場の設定とアイスブレイク

ファシリテーションのはじまりには２つの要素が不可欠です。それは、①ワークショップ全体を設計すること、②場を温めること（アイスブレイク）です。

①の要素は左ページの上に挙げましたが、これは相当入念に検討し、ファシリテーターとなるあなたが意識して準備しなければなりません。「何を話し合うか（ＷＨＡＴ）」はもちろんですが、それ以上に「どのように話し合うか（ＨＯＷ）」をどれだけ詳細に設計できるか、いわば「話し合いのやり方の設計」こそが、ファシリテーションの要です。

特に、テーマに対して「誰を集めるか」によってワークショップの成果がほぼ決まってしまうのは、通常の「会議」と同じです。また後述のように、いつ、どこで、どんな空間で、どんな段取りで行うかも極めて重要です。

②については左ページの下のように様々な手法があります。参加者が初めて会うメンバーか周知の関係か、同じ意見をもっているか対立関係にあるかによっても異なりますが、ワークショップの現場ではそうした事情を忘れて、「いつもとちがう場に来たんだ」という感覚をもってもらうことが重要です。そのためにはいきなりテーマの中身に入らず、メンバー各自を「一人の人間として」知ってもらう、知り合う、といったことが重要となります。

チェックイン＝場の設定とアイスブレイク

ワークショップの設計要素

- ●いつ（タイミング）
- ●誰を（キャスティング）
- ●どこで・どんな環境で（空間）
- ●何について（テーマ）
- ●どんな材料とシナリオで（プログラム）
- ●どのように（セッション）
- ●どんなゴールを想定して
- ●ワークショップ後の行動変化をどう引き起こすか

アイスブレイクの手法例

呼ばれたい名前	各人にネームプレートを配り、「このミーティングの間だけ、自分を呼んでほしい名前」を書く。ニックネームでも何でもＯＫ。
後出しじゃんけん	じゃんけんをして、相手が出したのを見て、負ける手を出す。簡単なようで意外に難しい。
グループ分けの方法	「誕生月で分かれましょう」「血液型で分かれましょう」とだけいって全員をフリーにする。
他己紹介	２人一組になって３分間で相手のことをインタビューし、その内容を５分間でグループメンバーに発表(レポート)します。旧知のメンバーでも、改めて行うと理解が深まります。
共通点探し	2人一組で、会場内を歩き回って相手を探し、名前と簡単な自己紹介をし合う中で2人の共通点を探す。探せた段階でメモをして、次々に人を変えていき、できるだけ多くの人と繰り返す。

プロセス②-1　課題・テーマ・ゴールの共有

ここには次の要素があります。

●課題やテーマの共有

今日のワークショップでは何について話し合うのか、テーマを共有します。左ページの例のように、テーマの設定の仕方ひとつで参加者の印象やスタンスは全く違ってきます。ファシリテーターは、こうしたこと一つひとつに強くこだわることが重要です。

●ゴールの共有

・ワークショップを行う前と後で、何が変わっているか
・今日のワークショップから、参加者に何を持ち帰ってもらうか

という2点から設定し、参加者と共有します。

ゴールの設定にはレベルがあります。ファシリテーションの世界ではよく「結果＝アウトプット」と「成果＝アウトカム」の違い、ということがいわれます。たとえば本書冒頭の売上対策の例であれば、マーケティングの強化や営業体制の見直しは**アウトプット**、そしてそれによってもたらされる売上の回復や向上は**アウトカム**です。

アウトプットの先にはアウトカムがあることを、常に意識しましょう。

課題・テーマの共有、ゴールとステップの共有

テーマの設定の例

Q：お客様へのサービスの質の向上のために私たちはどうしたらいいでしょうか？	×	「サービスの質」とは何か、ということがあいまいでここに議論が集中してしまい、結論が出ない
Q：お客様からのクレームを半分に減らすために、私たちは何をしたらいいでしょうか？	△	何をすべきかについて、どの立場で、どういうスタンスで考えればいいかが不明確
Q：これから3か月以内に、クレームへの平均対応日数を現在の5日から3日に短縮するために、私たちそれぞれの役割の中でできることは何でしょうか？	○	テーマが具体的で、メンバーの取り組みスタンスも明確になっている

＊ワークショップの場ならではの問いかけ例

Q：今回生じたこのクレームは、
私たちの仕事の仕方について、何を教えてくれるでしょうか？

Q：今回の問題から、
私たちが学ぶべきことは何でしょうか？

プロセス②-2　ゴールまでのプロセスの共有、グランドルールの共有

●プロセスの共有

これからはじめるワークショップでは、何をどういう段取りで行うのか、ワークショップのプロセスについて明らかにします。それによってメンバー全員にゴールまでの道のりが共有され、一体感と意欲を生みます。

プロセスをどのレベルまで共有するかはテーマや時間、メンバーによって異なりますが、いずれにしてもファシリテーターは各セッションの時間の使い方について詳細な設計を行わなければなりません。

●グランドルールの共有

そして、セッションを始める前に左ページ下のような、グランドルール＝話し合いの約束を明示します。これは、このワークショップが通常の会議やミーティングとは異なるものであることを示す上で、非常に重要です。

後述する「日産の会議」では、ワークショップの場は「安全なシェルター」だというグランドルールがあります。会社や自部署を批判しても、誰も口外せず、発言者は守られているというルールです。組織に働く参加者の心を軽くして、発言を促す効果絶大です。

ゴールまでのプロセスの共有とグランドルールの共有

プロセスの共有

本日のメニュー

・他己紹介……10分
・テーマについてアイデア出し（個人）……10分
・グループ内でのシェア……20分
・休憩……10分
・グループごとに発表……10分
・各自で良いと思ったアイデアにシール貼り……10分
・シールの多いアイデアについて発表……10分
・まとめとシェアリング・・5分

グランドルール

本日の約束

●組織や立場を忘れよう
●思ったことはすぐ口に出そう
●人の話をさえぎらない
●相手の意見を否定しないで、まずほめよう
●対立点ではなく共通点を探そう
●時間を守ろう

プロセス③　拡散-1　引き出す・聞き出す＝書き出す

参加者がもっている多様な思いや意見をいかに引き出せるかは、ファシリテーションの中核です。ファシリテーターは次の2点について深く精通していることが必要です。

①「質問力」

すぐれた質問には、事柄や相手の本質を見抜いた何かが込められています。たとえば「あなたの夢は何ですか」と聞かれるのと「10年後、あなたはどんな毎日を過ごしていたいと思いますか」と聞かれるのでは、聞かれたほうの印象や頭の動き方が全く違います。ファシリテーターにとって「質問力」は必須スキルです。

②「書きながら聞き、聞きながら書く」

立場や役職に関係なく自由にアイデアや意見を出すために、ファシリテーターは常にホワイトボードに向かって書き続けることが大事です。「誰がいったことか」ではなく「何をいったのか」に着目して端的に要約したキーワードを並べ、書かれたアイデアを「議論」するのではなくみんなで「眺め」てみて「だいたいこういうことなんだ」「こんな方向性なんだ……」ということを共有するのです。飛び交う言葉の「空中戦」から、書かれた言葉の「地上戦」への転換を行うためにも、「書く」ことは、必須のスキルです。

ファシリテーターの「意見を引き出す」仕事

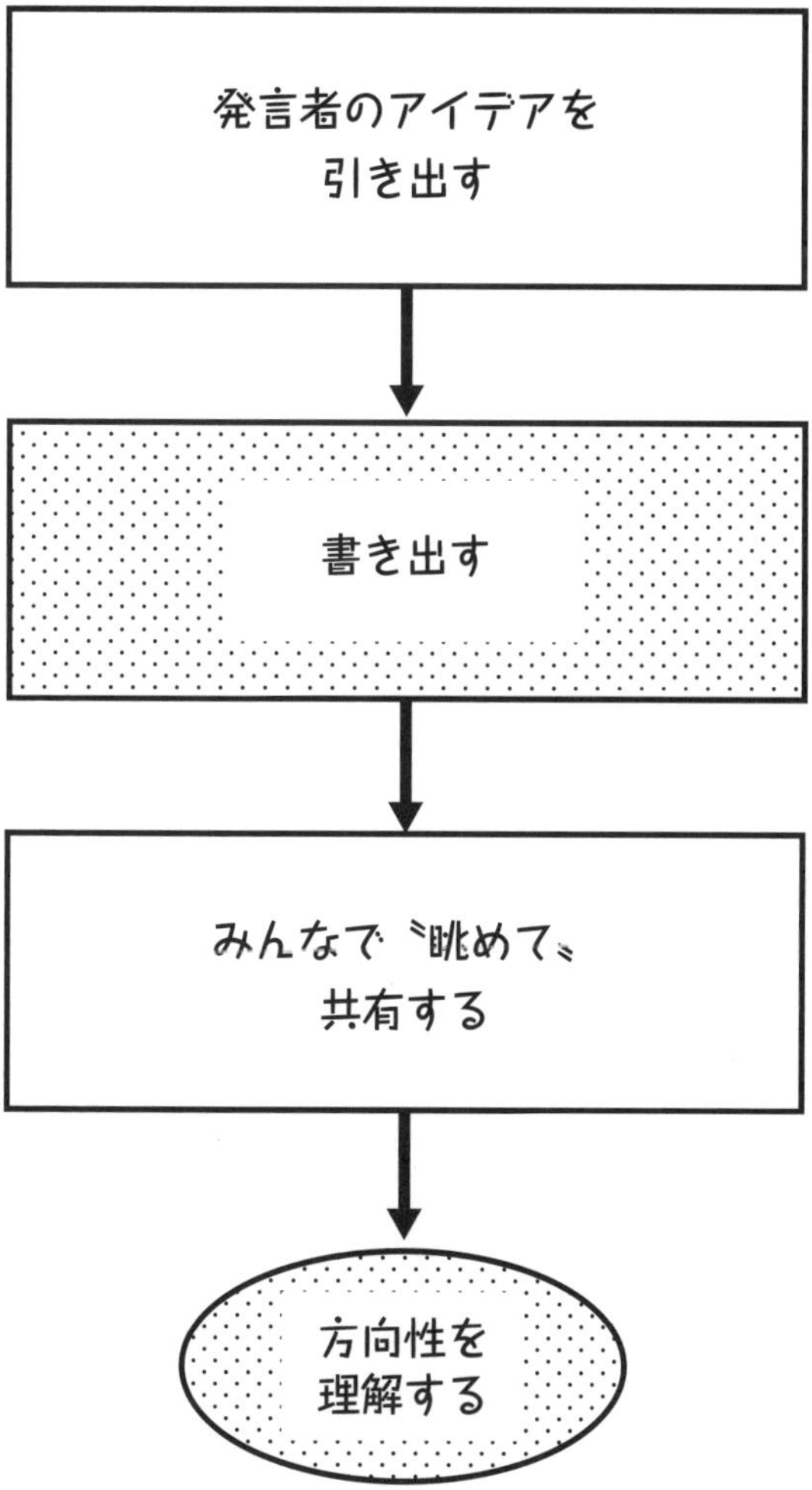

プロセス③　拡散―2　アイデア出しの様々な方法

アイデアは、黙って机やテーブルに座っているだけでは浮かびません。テーマが普段の仕事と近ければなおのこと、様々な事情と都合が頭をよぎり、新しい発想には至らないのも事実です。ファシリテーションでは、拡散＝思いやアイデアを出すために様々な手法を用いてセッションを行います。

みんなで同じテーマについて考えるときには、テーマに関係のある場所（店舗・工場・地域スポットなど）を視察したり、社内外の誰かの話を聞くなど共通体験を行うことで、話し合いの前提ができます。たとえば接客トレーニングの分野では、ロールプレイという手法で客とスタッフの役割を演じることで、思わぬ展開が起き、多くの「気づき」が得られます。

また、「あなたの理想の暮らしを、これらの雑誌の中から切り抜いて、ボードに貼ってください」といった形でイメージを表現したり（イメージコラージュ）、テーマを中心に思いついたことを関連づけながら書き足していく「マインドマップ」という方法もあります。

いずれの場合も、何かをきっかけに思いやアイデアが浮かび、それが共有されていくプロセスを生み出すことが、「拡散」段階では非常に重要です。

アイデア出しの様々な方法

フィールドワーク
野外での調査やインタビュー、共通体験を通じて、新たな気づきやアイデアを得る

ロールプレイ（役割演技）
役割と場面設定を決めて、自由に発言・演技をすることで新たな展開を得る

イメージコラージュ
テーマに対して雑誌や画像を切り貼りして、イメージをひろげる

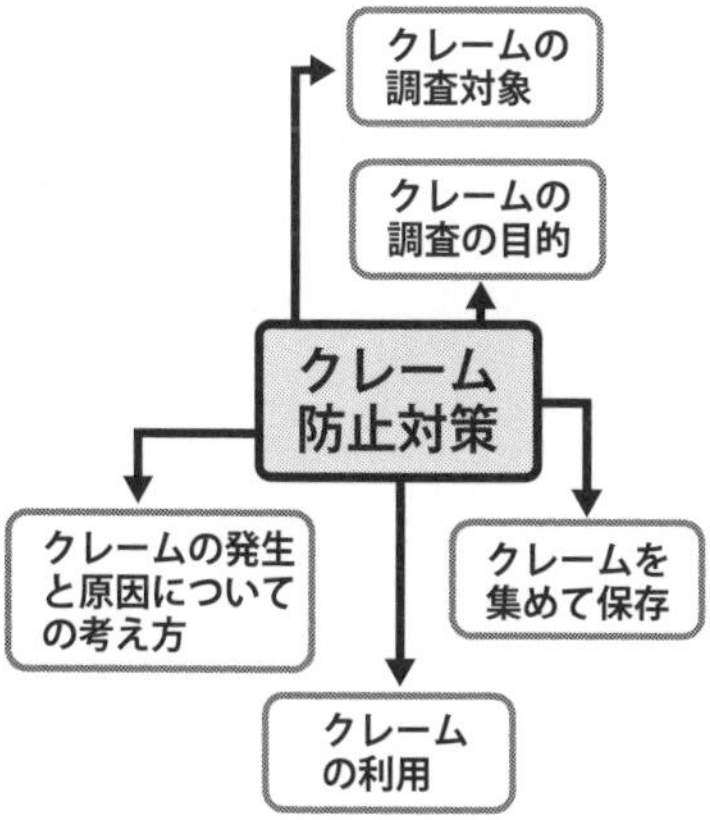

マインドマップ
テーマを中心に思いついたことをどんどん書き足していく

プロセス③　拡散―3　ワールドカフェ

アイデアの拡散や共有を進める上で、ワールドカフェという方法があります。一つのテーマに対して多くの人々の思いや意見を可視化し、かつ共有化する上で有効です。

①グループごとに着席し、テーマに対して話し合うと同時に、話に出ても出なくても自分のアイデアや意見をテーブル上の模造紙に書いていく（とにかく書くことが重要）

②グループリーダーを残して、他のメンバーは他のテーブルに散らばる（これを、「旅に出る」という）。全グループが同じことを行い、新しいグループで着席して前のグループでどんな話が出たかを発表し合いながら、同じように自分の意見を模造紙に書き加える

③これを何度か繰り返し、最後には最初のテーブルに戻って、他のテーブルで何が話されたかを発表し合いつつ、また模造紙にも書き加える

④最後に、グループごとに模造紙に書かれたことをグループの意見として、全員の前で発表する

これを行うと、大人数でのワークショップでも参加者の様子がわかるとともに、だいたいどんな方向なのかが見えてきます。ワールドカフェは、元々は喫茶店のテーブルクロスにされた落書きに対して、次に座った客がこれに書き加えていったのが起源ともいわれますが、一定時間内に多くの人と多様なアイデアを知る上で、とても有効です。

"ワールドカフェ"の進め方

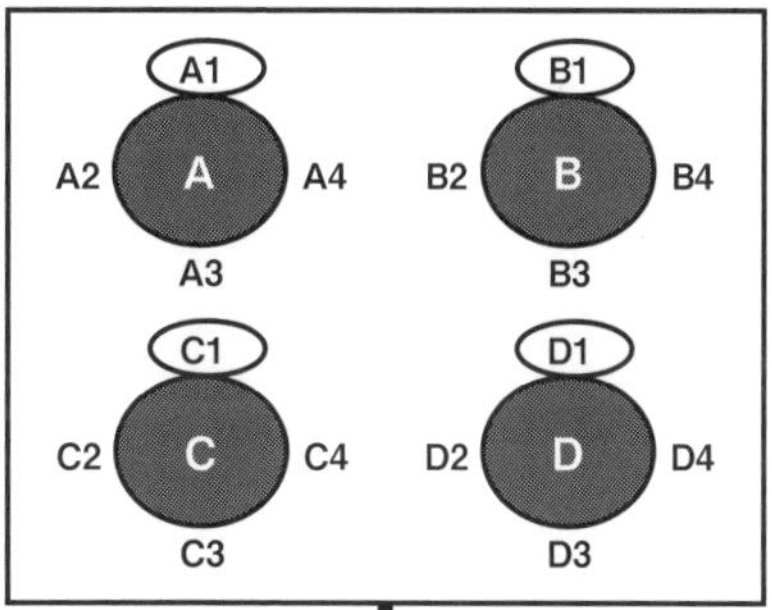

グループごとに意見を出し合い、テーブルクロスに見たてた模造紙に何でも書いていく（個人ごとに…まとまらなくてOK）

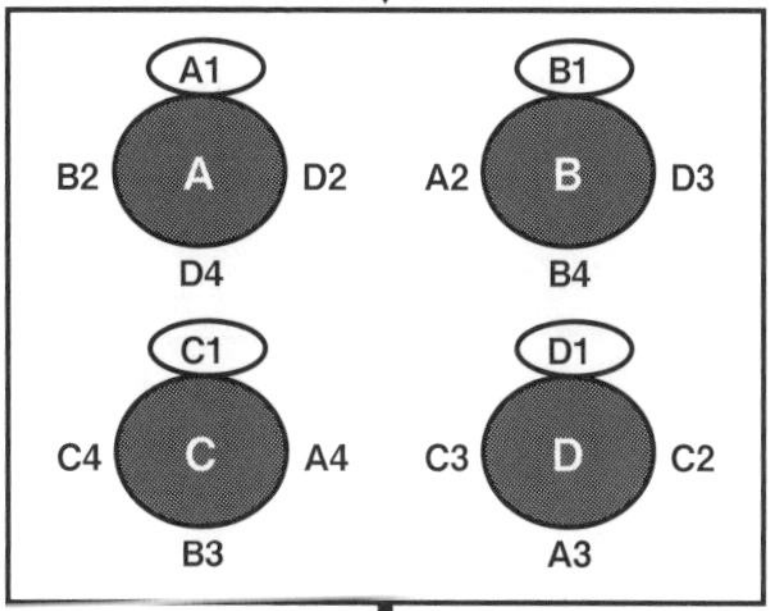

グループリーダーを残して、他のメンバーはジャーニー（旅）に出る→前のグループで出た意見やアイデアを共有し、新しいグループでも話し合う

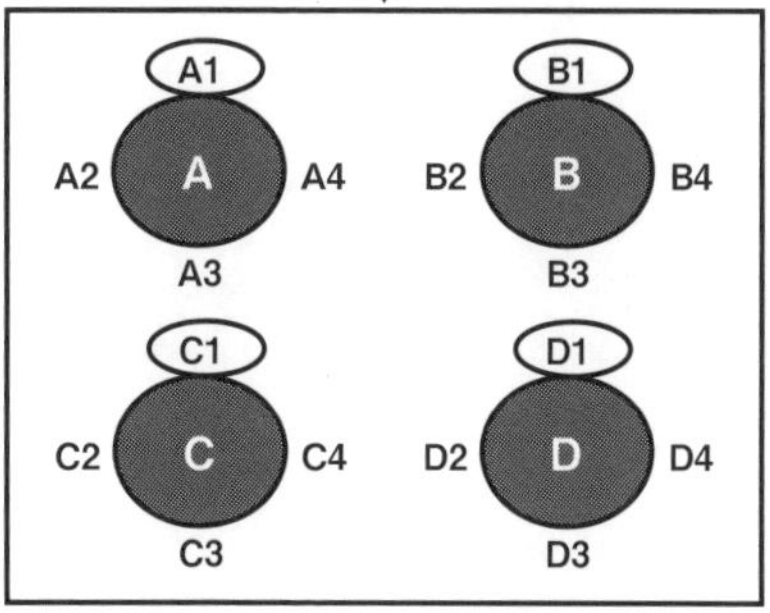

それを何度か繰り返し、最後に元のテーブルに戻って、他はどうだったかを話し合う

プロセス④　混沌—1　村の寄り合い

拡散段階で様々な思いつきやアイデアを広げた後、すぐ次の「整理・収束」段階にいくのではなく、ここで可能な限り時間をとって、出されたアイデアや要素を一覧化して「みんなで眺めてみる」プロセスが必要です。通常のワークショップではなかなかこの時間が取れず、消化不良で終わることが多いものですが、実は非常に大切です。

たとえば本書冒頭の「売上対策の会議」であれば、17ページに整理された図表の前でメンバーがあれこれ思い、いい合う場面です。「やっぱりみんな内部要素のことばかり言ってて、肝心のお客様にとって我々の製品がどうなのか、あまりいってないね」という話から、「ところでウチの部長、B社から引き抜きの噂があるけど知ってる?」といった噂まで、要は参加メンバーが打ち解けて、思いを残らず吐き出している状態になることが大切なのです。対立する意見や思いを残らずその場に出すことも重要です。

昭和の民俗学者である宮本常一は、日本中の農村を歩き回って多くの村人の話を聴き、写真を撮りました。そのなかで、日本の村落社会の伝統である「村の寄り合い」の様子を残しています。一見すると非効率に見えるこうした話し合いが、実は日本社会の根底にあることを意味しています。ファシリテーションは「寄り合い」の要素が多く含まれています。

混沌…村の寄り合い

「……夜になって話が切れないとその場へ寝る者もあり、起きて話して夜を明かす者もあり、結論が出るまでそれが続いたそうである。といっても三日でたいていの難しい話もかたがついたという。気の長い話だが、とにかく無理はしなかった。みんなが納得のいくまで話し合った。だから結論が出ると、それはキチンと守らねばならなかった。話といっても理屈をいうのではない。一つの事柄について自分の知っている限りの関係ある事例をあげていくのである。話に花が咲くというのはこういう事なのであろう……」

（宮本常一「忘れられた日本人」岩波文庫）より

↓

理想の「話し合い」とは

①メンバーが思っていることを全部いいつくす

②結果として決まったことには、自分の意見とは関係なく、必ず従う……あとでとやかくいわない

"混沌" 段階をしっかり踏まないとどうなるか？
・自分は聞いてない。
・正式には聞いてない。
・自分はそう思わなかった。
・それは誰かが決めたことだ。自分は関係ない
といったことが多発して、何も決まらなくなる。

プロセス④　混沌―2　「聞く」から「聴く」へ

「混沌」段階で重要なのは、「思いをいい尽くす」と同時に「相手の思いを聴き合う」ことです。〝否定せずにとにかく聴くこと〟はファシリテーションの「グランドルール」の所でも挙げましたが、まさにファシリテーションの質を高める要素です。

ある障がい者団体で、公開シンポジウムのテーマを決めるに当たり「障がい者へのさらなる支援を」というテーマを掲げることについて激しい論争が起きました。障がい者は、いくらハンディキャップを負っていても一人の人間として暮らしており、「支援」＝一方的に「助けてもらう立場」であるという決めつけには抵抗があったのです。

ファシリテーターは、障がい者団体のメンバー一人ひとりに、その思いを丁寧に聞いていきました。すると、これまでの自分がどんな人生で、何があって、どういう思いで生きてきたのかを切々と語りました。そうした「語り」を聴き合った上で、「支援」に変わる**「相互支援」**（健常者も難病患者もお互いに支援し合う関係である）ということばが生まれ、シンポジウムのテーマになりました。

かつての「村の寄り合い」の話は、現代のファシリテーションの現場に生きています。また心理学の世界では、「聴くこと」そのものが重要な仕事になります。

「聞く」から「聴く」へ

日本の臨床心理学の草分けである
河合隼雄氏は
「聴く」ということについて、
次のようにいっています

「……そこで、まず相手の言うことを、ともかく相手の言う通りに聴いていこう。たとえば、ある人が僕のところへ来て、「先生、頭が痛くてかないません」と言ったら、「頭のどこが痛いんや?」とか、「いつから痛うなった?」などと言わずに、「頭が痛いんですね」とただ聴いている。そうすると「私の頭痛は○○のころからはじまって……」というようなことを言いだしますね。それでも、それが始まったころに何かありましたか」というようなことを尋ねたりしないで、ともかく相手の言う通りを聴いていこうとするわけです。ともかく聴く。これが、まず第一に考えられたわけです」

(『河合隼雄のカウンセリング入門』創元社より)

プロセス⑤　収束――1　分類する・関係づける・位置づける・フロー化する

　拡散の次は「収束」です。これには様々な整理方法や表現形式があり、図表の作り方にも多くの手法があります。重要な点は、一見相反する2つのことです

①「図で考えると仕事がはかどる」といわれるように、ふだんからあらゆる物事を図解してみる習慣をつける。

②図解の手法や方法論に拘泥《こうでい》されることなく、今の場面や状況、課題やテーマに対してはどういう整理方法がいいのかを自分の頭で考えてから、手を付ける。

　ファシリテーションの現場で使える整理の方法には「親和図法」「ペイオフ・マトリクス」「魚の骨」「ロジックツリー」「プロ・コン表」「マインドマップ」「SWOT分析」「PPM」等々、たくさんあります。図解という意味では、たとえば職場の人間関係を「見える化」するときなど、テレビドラマのホームページに出ている登場人物の相関図なども参考になります。

　また、あるワークショップでは、参加者全員から出されたアイデアのポストイットがいっぱい貼ってある模造紙を前に、全員で「1人3票」と決めて、いいと思ったアイデアにマークし、マークの多いものから検討対象にしました。このように収束の対象を絞ってから始めるのも、ファシリテーションのテクニックです。

分類する・関係づける・位置づける・フロー化する

①「分類」する

ex.売上が悪い原因

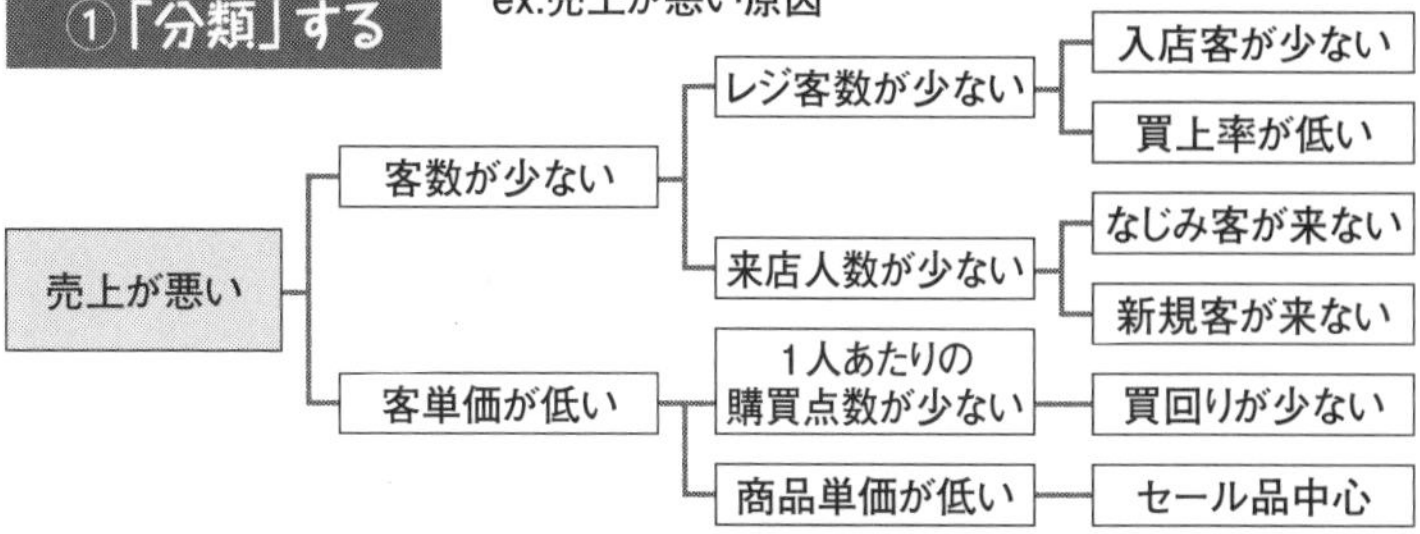

②位置づけ（ポジショニング）を明確にする

ex.PPM（プロダクト・ポートフォリオ・マネジメント）

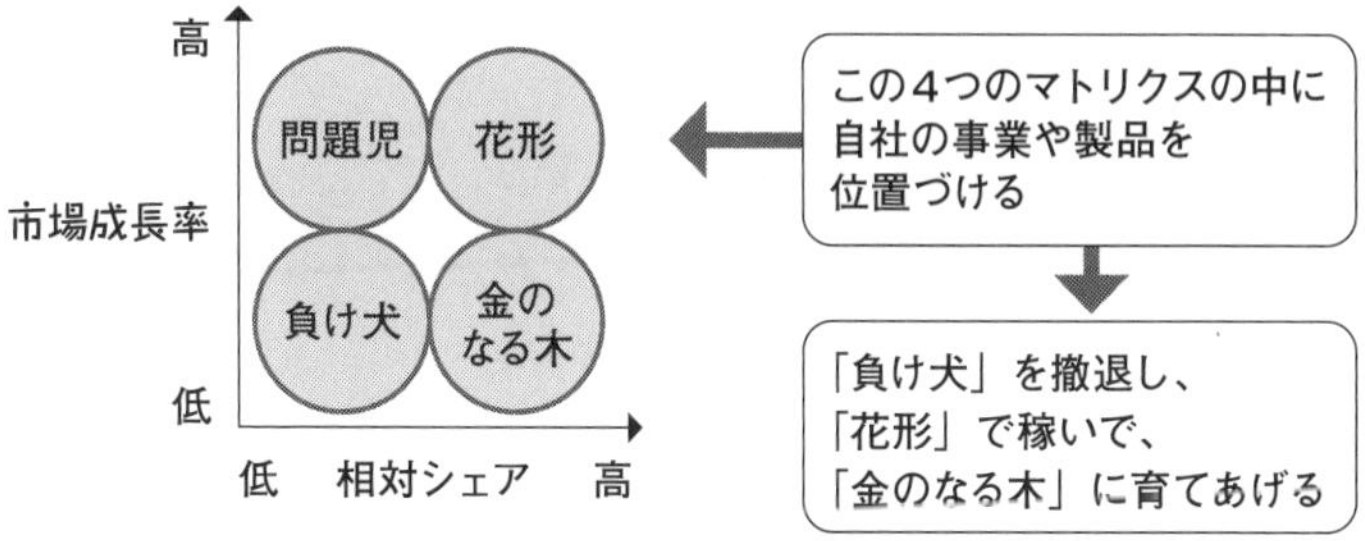

③フロー化する（プロセスマッピング）

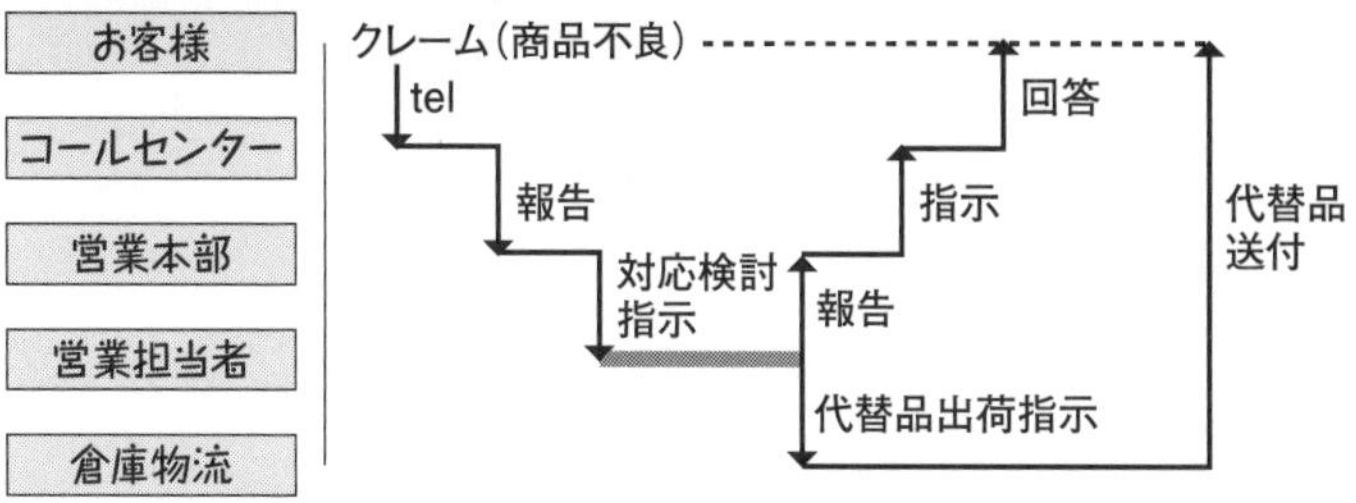

プロセス⑤　収束―2　ファシリテーション・グラフィック

「収束」とは必ずしもきれいに「整理」されているだけではありません。ワークショップの最後に結果として残ったもの、参加メンバーが「持ち帰れる」成果としてできあがったものでも、立派な「収束」なのです。

ここではファシリテーション・グラフィックを紹介します。ファシリテーションでは多くのポストイットと模造紙が使われますが、ファシリテーション・グラフィックは多色ペンを使いながら、まさにグラフィックとして成果物を完成させていきます。

絵心があってすばらしい「作品」が作られる場合もありますが、ファシリテーション・グラフィックの意味は、そのセッションにかかわった参加者たちの思いが一枚の紙に表現されていること、そしてワークショップには不参加で、その問題に関わりのない人が見ても、「なんだろう」と興味をもってもらうきっかけになることです。

人は、大きな紙に何かが書かれて貼ってあると、興味をもって見入る傾向があります。人目に付きやすい場所に掲示すれば、さらに多くの人の目につきます。

「自分事化」がファシリテーションの趣旨の一つであるとすれば、ファシリテーション・グラフィックは、興味や関心をもつ人を増やす上で、有効な「収束」手段です。

ファシリテーション・グラフィック

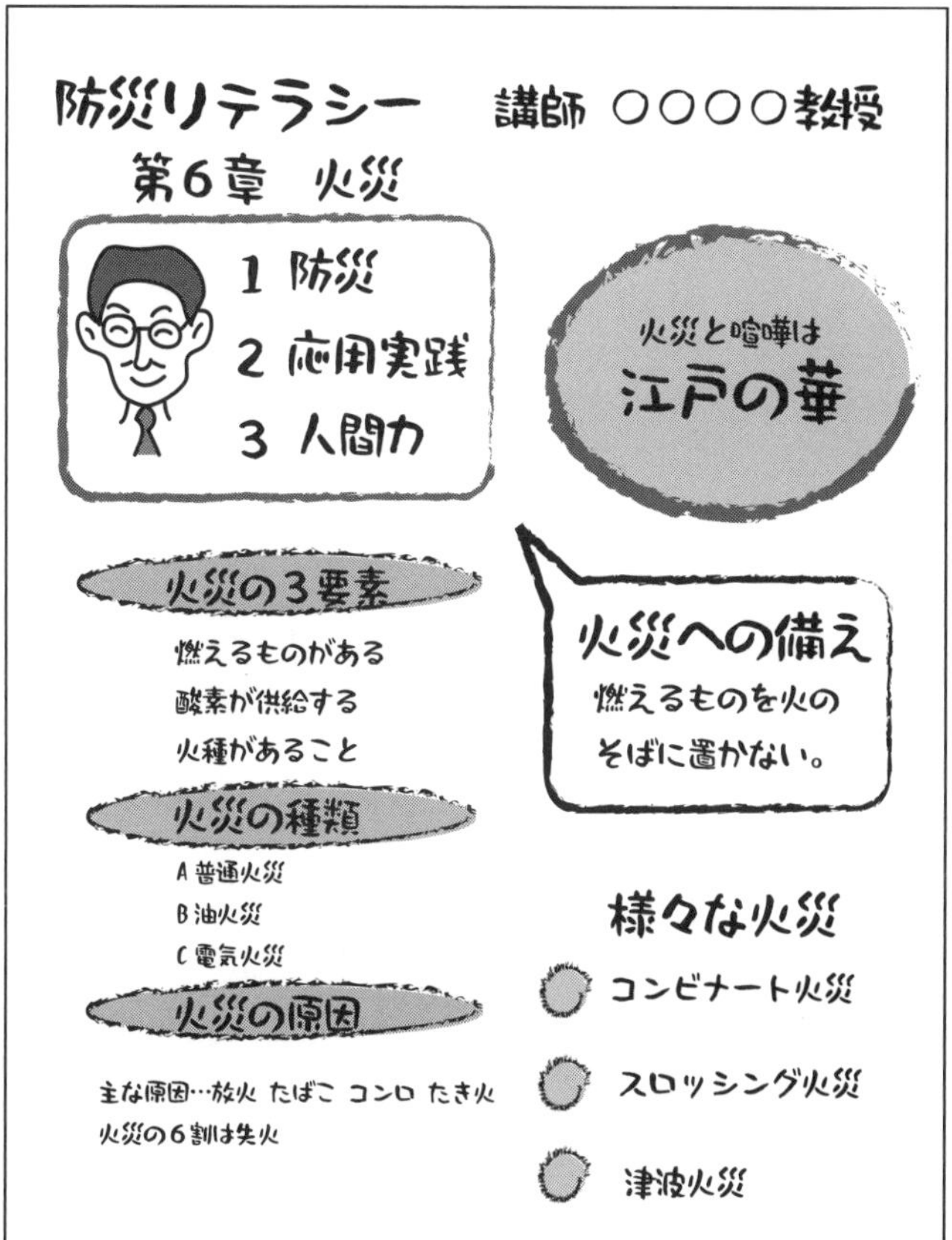

プロセス⑥　共有

ここまでのプロセスに共通しているのは、いずれのレベルであれ参加者全員が、そのワークショップで行ったことを共有＝シェアしているということ、この一点に向けたセッションでありファシリテーションであるということです。

筆者があるワークショップに参加して「合意とは何か」というテーマについて話し合ったとき（これ自体、相当難しいテーマですが）、**〝合意形成とは納得した妥協である〟**という結論が出ました。言葉にしてはそれだけのことも、そのワークショップのプロセスに関わったメンバーたちは誰もが腹落ちした、参加者にとってかけがえのない着地であり、共有内容です。共有＝シェアとは、頭で理解するだけでなく、プロセスへの参画体験を通じて、いわば〝腹落ち〟（＝腑に落ちる）した内容と状態になっていることが重要なのです。

手法としては、「各グループ内部での共有」、「ワークショップで過ごした時間の共有」、さらに今日の話し合い中から得られた「ゴールイメージの共有」などがあります。

「共有」は、この段階になって初めて行うものではなく、ワークショップを始める段階、アイスブレイクの時から始まっています。また、できるだけ席を立って会場全体を動き回ったり知らない参加者と言葉を交わすチャンスを多くすることで、共有感覚が強まります。

共有…シェアと腹落ちの方法

グループごとの「結論」の共有

テーブルごとに模造紙を置き、全員が立ち上がって他のグループの模造紙を見て回る。その時、グループのリーダーが残って、見に来た人に説明してもよい。テーマに対するとらえ方、アイデアの中身、模造紙の使い方や表現方法など、自分のグループにはなかった多くの気づきが得られる。

ワークショップで過ごした「時間」の共有

「今の気持ちを漢字一文字で表すとどうなりますか」

「今日一日過ごした時間を五七五でいってみてください」など、凝縮した表現方法で今の思いを表現・発表する。時間があれば絵や図、粘土などの造形物で表すこともできる。

「ゴールイメージ」の共有

「将来の自分へのメッセージ」「未来の自分からのメッセージ」など、時間を自由に行き来して思いを表現し、メンバーで共有する。テーマや課題が克服された時（＝ゴール）にどんな世界が広がっているのか、その先に何が見えるのか、そこから現在をみるとどう見えるのか、など、時間を自由に行き来することで思わぬ発見や気づきがある。

プロセス⑦　チェックアウト

ワークショップの最後には、今日のワークショップを振り返ってどうだったか、何に気づいて、何が変わったか、また変わらなかったか、といったことについて、参加者個人ごとに意見を残してもらいます。これはアンケートの形でもよいし、最後に全員で輪になって座り、1人一言ずついってもらうこともできます。ポイントは2つです。

①今日の体験を通じて、何を記憶に残したいか

②今日の体験の中から、何を明日からの実務に（職場に）持ち帰りたいか

ワークショップ型の研修やセミナーが増える中、大きな効果を生む場合が多い一方で、そこで行われたファシリテーションを日常業務とは「別世界」のものと感じ、職場に戻った瞬間に全部忘れて普段の毎日が始まる……といった可能性があります。職場の雰囲気や上司の理解度、またそのワークショップの社内での位置づけによっても変わります。

ファシリテーターとしては、こうした現実を的確にとらえることで、継続して「話し合いの改革」に取り組むプランをもたなければなりません。単なる「ファシリテーター＝ファシリテーション屋」になることを避け、その企業や団体、組織そのものの改革に寄与することが最終目的です。

チェックアウト

**ワークショップのアンケートで
以下のような意見を書かれたら、
ファシリテーターとしてのあなたはどうしますか?
何を考え、どう改善しますか?**

グループワークで変な人と一緒になったら地獄。結局声の大きい人がたくさん発言してる。何がメンバーを引き出すファシリテーションだ!　アイデア発散どころかワークショップストレスがたまるだけだ!

どうしても一部の"ファシリテーター好みの人"だけがクローズアップされる。全然少数意見を聞いてくれない。グループワークで意見をいい出したら、必ずその場で自分の意見を通そうとする人がいて、パワーバランスができる。声の小さい人は何もいえない。そして下手なファシリテーターは必ず声の大きい人の意見を取り入れる。

ファシリテーターはみんなの意見を聞きたいといいながら、結局、時間内に自分の落としどころにもっていきたいようにみえる。テーマについて何の基礎知識もないのに、みんながわかっている一般的な結論にもっていく「話し合い」に付き合わされるのは勘弁してほしい。

ファシリテーションといいながら、結局は自己紹介と、ちょっと意見を交わしただけだった。せっかくポストイットがあるのに、何の意見も思いも残せなかった。時間配分が悪すぎる。

ここは普段の仕事とは違う別世界。こんな場で知らない部門の人といくら合意だ、シェアだ、といったところで、結局職場に戻れば上長が決めることだ。私たちではなく、マネジメントする側の人々に、今日の内容を伝えてほしい。その人々が理解しない中でこんな状況で職場に戻されて、何かアクションを起こそうとしても板挟みになるだけだ。

プロセス⑧　行動

カルロス・ゴーン氏は日産に来て2つのことをいいました。

「日産に来て残したいと思ったのはQCサークルだ」

「会社の業績に貢献しないTQM（総合品質管理）はいらない」

QC活動はややもすると自己目的化してしまい、会社の業績とは別の次元で「精度を競う」形になる危険があります。会議のやり方も同様で、ファシリテーションによる「会議革命」は会議そのものの変革が目的なのではなく、その結果生み出される意思決定や、プロジェクトそのものの成功こそが目的なのです。ややもするとこうした活動は、段取りや手法の目新しさに目を奪われて「本当の目的は何か」というアウトカムを見失ってしまう場合があります。企業が明確な意志をもたずに外部コンサルタントに依頼してファシリテーションを取り入れた場合などは、さらにこの危険が高まります。

ファシリテーションの目的は、「ファシリテーション的なコミュニケーションの仕方、ミーティングの方法」やそれがもたらす未来志向の「仕事の仕方」を、組織や職場の中に浸透させることにあります。ファシリテーションを日常のアクション（行動）に転換することこそが、ファシリテーターの本当の役割なのです。

ファシリテーションで会社や組織を変える

ワークショップやファシリテーションで会社や組織を変えるために

❶ファシリテーションの意味を理解する

ワークショプ型・ファシリテーション型の話し合いによって、組織課題や企業課題を解決していくことの意味を、トップや部門長が理解すること
（少なくとも理解してもらう努力をファシリテーターが行う）

❷ワークショップやファシリテーション体験の場を増やす……経験者を増やす

ボトムアップ型の手法である特性を踏まえ、社内・組織内でファシリテーション経験のある人間、ファシリテーターができる人材を増やしていく

❸参加経験者を継続的にフォローする

1回だけの「特別の場」ではなく、経験者を継続フォローして複数回の参加を促すことで、「ファシリテーション文化」の理解の厚みを増やしていく

パート4
ファシリテーターに求められるスキルと心構え

普通の会議とファシリテーション的ミーティングとの違い

パート3でのファシリテーション・プロセスを踏まえて、パート4ではファシリテーターが具備すべきスキルやスタンスについて述べていきます。まずはじめに「ファシリテーターっぽさ」とは何かです。話は飛びますが、ドラマや映画で若い男女が、まだ付き合っているかいないかわからない段階で一緒にお茶を飲んだりどこかへ行ったりすると、こんなセリフをいうことがあります。

「これって、デートなのかな?」

「これって私たち、付き合っているってことなのかしら?」

ドラマでは、この気づきは2人が恋人関係になっていくか否かの節目となる重要な場面ですが、ある意味非常にファシリテーションっぽい言葉でもあります。

たとえば会議の冒頭で、

「今日のゴールは何?」「今日は何をどこまで決めればいいの?」

という問いかけがなされたら、その人はファシリテーションの入口に立っているといえます。ファシリテーションは、今、目の前で起こっている現象や説明される内容に一旦距離を置いて、外部から見て位置づけや方向を示す、いわば羅針盤のような働きなのです。

ファシリテーションっぽい言葉あれこれ

発問→	今から１時間で、みなさんが仕事上無駄だな、と思うことを、１人２０個ずつ挙げてください。
ほぐす→	あれ〜、みなさん堅くなってしまいましたね
交通整理→	（目標未達は営業努力が足りないからだとの意見を受けて）ちょっと待ってください。営業努力が足りなかったどうかは後で議論します。今は当社の製品についての得意先の評判がどうなのかについて意見を述べてください。
問題の整理→	コールセンターで受けたお客さまからの声が、営業部門や開発部門に届いていないということですね。それはなぜでしょうか？　情報伝達のプロセスのどこに問題があるんでしょうか？ （と言ってホワイトボードに図を書き始める）
発問→	◎今の時間、こういうことを議論していていいんでしょうか？ ◎（意見を求められて何かを言い出した途中で）……っていうような話でいいんでしょうか？
まとめ→	今日は……ということについて共有しました。これにもとづいて、次回までに各自具体的に何をしたらいいか、各自５つずつアイデアを持ち寄りましょう。

ファシリテーターとは何者か？

パート3ではファシリテーションの基本的なプロセスをご紹介しました。そこで重要な役割をもつのがいうまでもなくファシリテーターです。では、ファシリテーターとは何者（何をする人）なのでしょうか。

日本に「ワークショップ」というものを紹介し、ファシリテーションという概念や実体を根付かせた中野民夫氏によれば、ファシリテーターとは、

・場にコミットするが内容やあり方にはコミットしない人

・「場」そのものをホールドする人

を意味します。話し合いの中身ではなく、あくまでもワークショップの行われている「時間と空間」を、ハンドリングする人のことをファシリテーターと呼ぶのです。

テーマや議論の「内容」に関与しないで、どうして参加者のディスカッションをリードし、拡散させ、合意と共有を得ることができるのか、ここにファシリテーター的な仕事のあり方の意義があります。

そこで、いわゆる組織における〝参謀〟ともいわれる「ゼネラルスタッフ」の仕事のあり方との関係で、「ファシリテーターという人」について考えます。

ワークショップの〝場〟の時間と空間をコントロールする

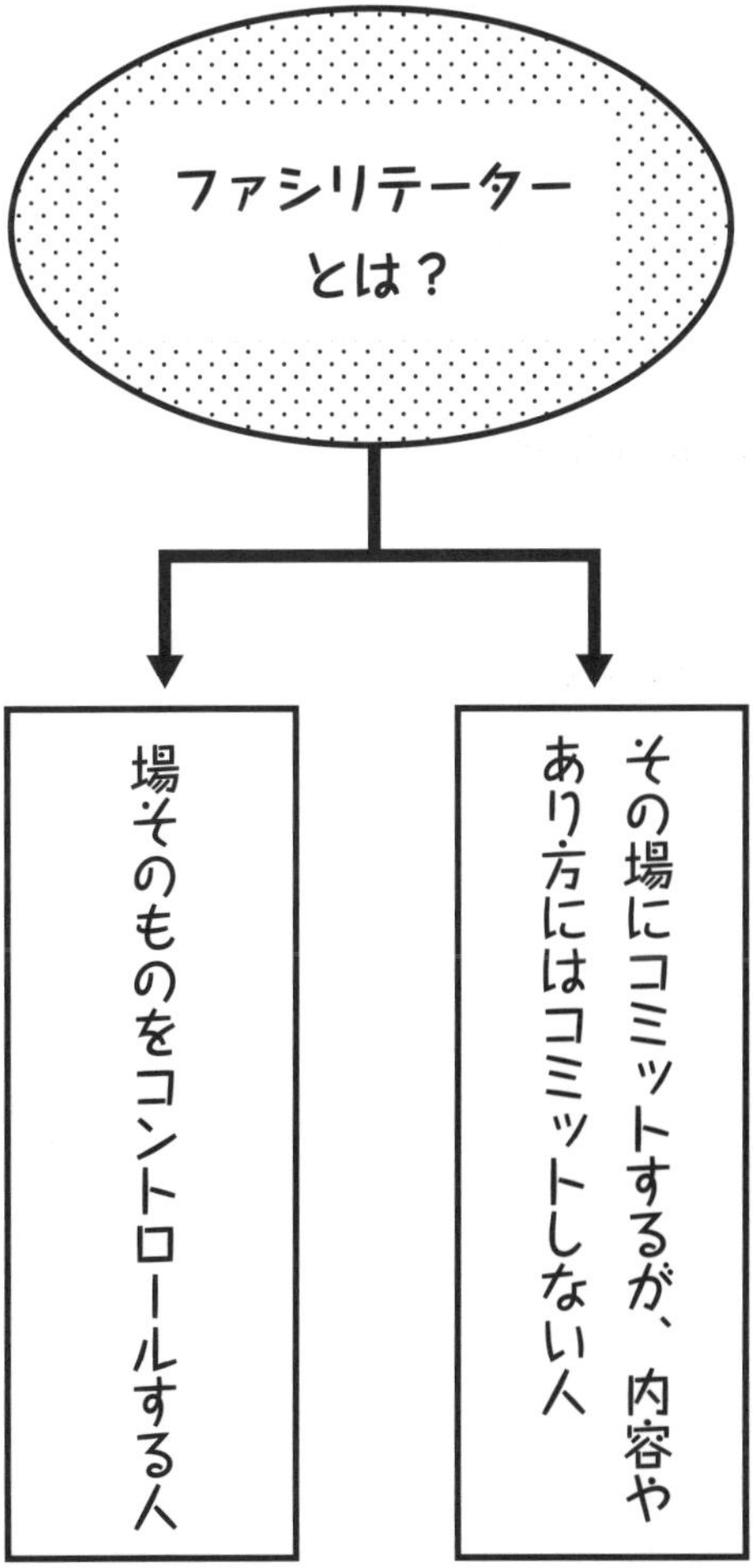

組織の参謀とファシリテーター

組織には様々な形がありますが、中規模以上になると「ライン&スタッフ組織」という形が通常です。これは、組織のトップと、実務遂行と数値責任をもつライン（部門）との間に、「スタッフ」という役割が置かれる組織形態です。

スタッフには2種類あって、一つは経理・人事・物流といった、組織に必須な専門領域ごとの「専門スタッフ」。もう一つは「○○企画／○○戦略／○○政策／○○計画」といった名前がついた「ゼネラルスタッフ」です（専門スタッフごとにもゼネラルスタッフがいる場合もあります）。

ゼネラルスタッフ（参謀）には、実務遂行への権限も責任もありません。立案した戦略や企画自体への責任はあるが、実務部隊をもたず、責任権限をもつ「部門長」や「ライン長」に働きかけ、これを動かして戦略や企画を実現していく、そういう役割をもつのがゼネラルスタッフです。

そこで必要となるのが、権限をもった長を動かして事をなしていくための企画提案力や説得力です。部門長（時には社長）も気づかない将来を見据えたビジョンを立て、何をなすべきかを組み立ててこれをトップに提案していくのが、ゼネラルスタッフの役割です。

組織の参謀とファシリテーター

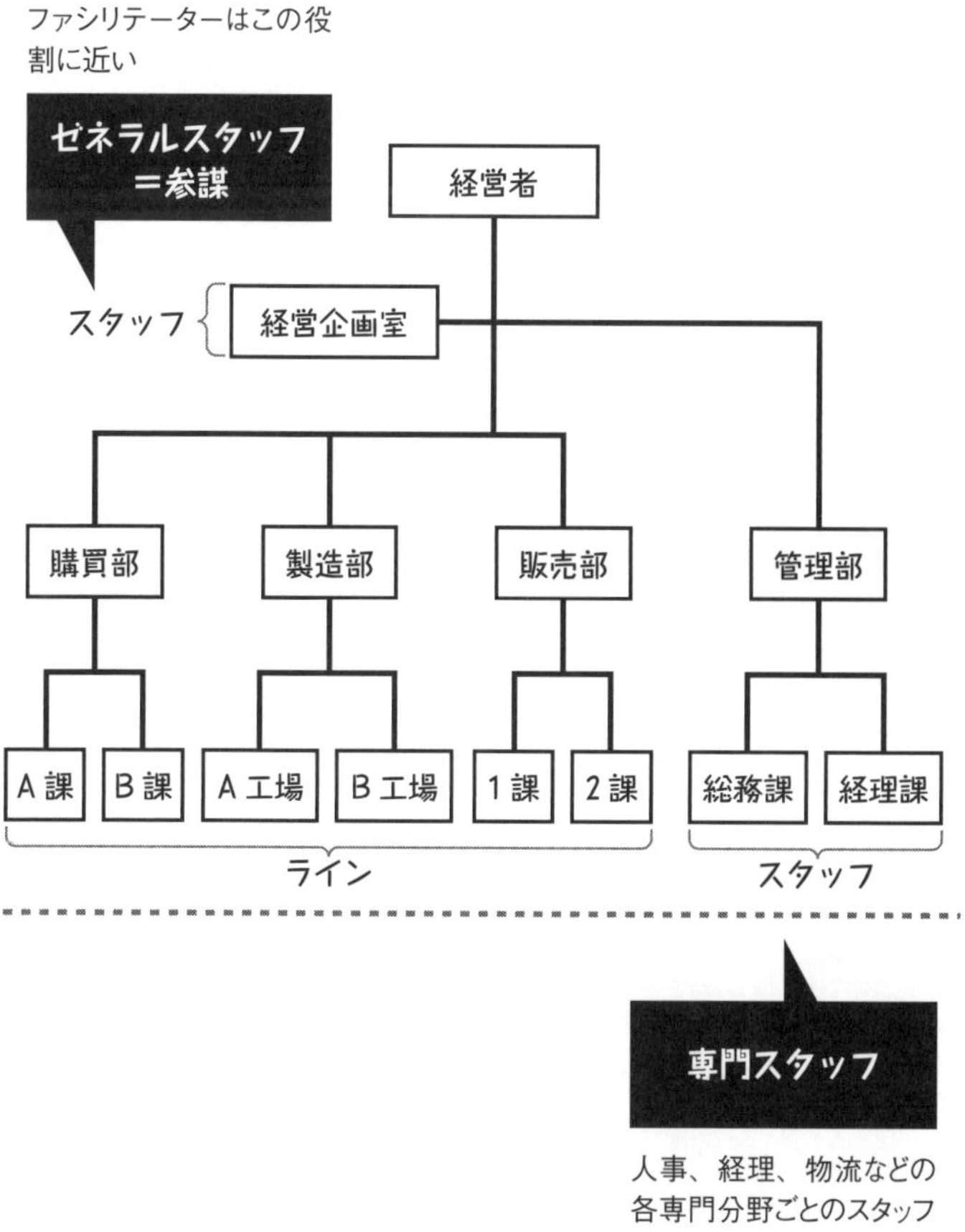

ファシリテーターに求められる〝導く力〟とは何か

こうしたゼネラルスタッフの仕事のあり様は「事務局」とか「PM（プロジェクトマネジャー）」のスキルとして現れます。その内容は次の点です。

①**ビジョンの形成力**……会社や組織（町内会や行政、学校、病院、大学等、組織であれば皆同じです）が、この先どういう方向性で進むべきか、冷静な視点でビジョンを構想する。

②**現状把握力**……自組織がもつ力（強みや弱み）を冷静にとらえ、調査分析する。

③**計画策定力**……組織上の利害関係のない立場で、あるべき姿に向けたプランを策定する。

④**企画・実行推進力**……トップの了解を得て、各部門横断型でのプロジェクトを組み、企画・実行推進をプロデュースする。

いわばスタッフの腹案を、トップや部門長の了解の上で既存組織の課題に移し替え、既存組織の本来業務の力を使って実現していく、これがゼネラルスタッフの役割です。その姿は、あたかも組織という船の前後左右にあって、時には水先案内人となり、また側面から船の方向を正すタグボートとして、あるいは乗組員や乗客の世話役として、最後には船尾から船を押していく推進力となる。つまり船の外側に居て、船があるべき方向に向けて、あの手この手で導いていく役割なのです。これって、何かに似ていませんか？

ファシリテーターに求められる「事務局力」とは
…組織や参加者集団という船を、前後左右から動かしていく

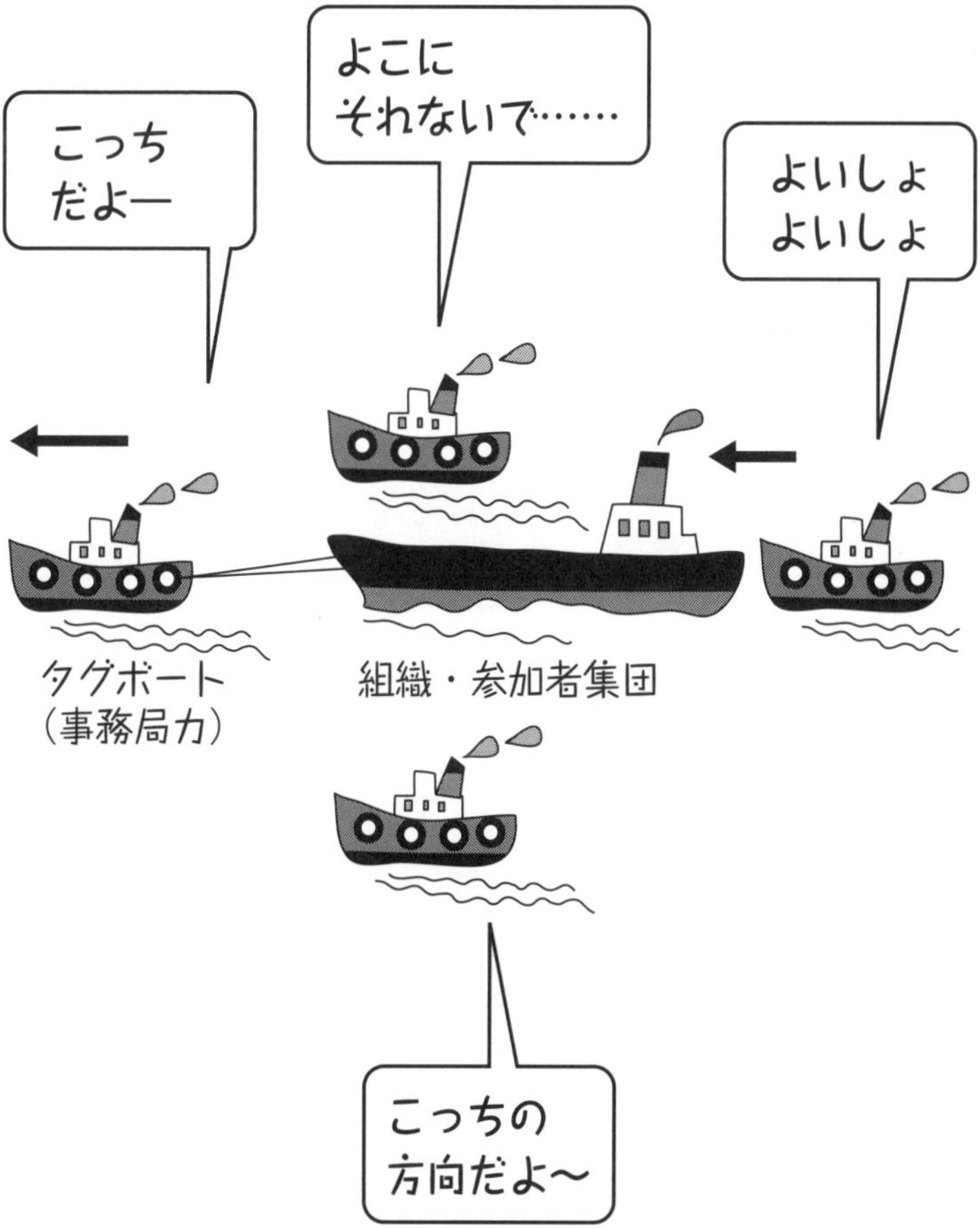

中身に立ち入らず、方向を導くとはどういうことか？

ゼネラルスタッフの役割は、ファシリテーターに似ています。こういうと、「あれ、ファシリテーターは議論の〝場〟にコミットするだけで、課題やテーマの中身には立ち入らないいんじゃなかったたっけ？」と思われるかもしれません。ここがファシリテーションの理解のポイントです。

「中身に入らない」からといって、たとえばワークショップのテーマに経理や人事、生産管理や接客サービスのことが出てきたとき、何も知らないでファシリテーターが務まるでしょうか？　たとえば高齢社会を背景に新たにシニア向けのサービス事業を立ち上げよう、というワークショップで、「介護保険」のことをまったく知らなくてファシリテーターが務まるでしょうか？　学校の教員たちを対象とした授業改革ワークショップで、「アクティブラーニング」という言葉を知らずにファシリテーションができるでしょうか？

ファシリテーションやファシリテーターに関する誤解の一つがここにあります。「中身に関与しない」ということは、「中身を知らない」ということではないのです。むしろファシリテーターは、何かのテーマでワークショップを開催することが決まったら、その分野についで知り得ることはすべて調べた上で、ワークショップを組み立てなければなりません。

ファシリテーターとは?

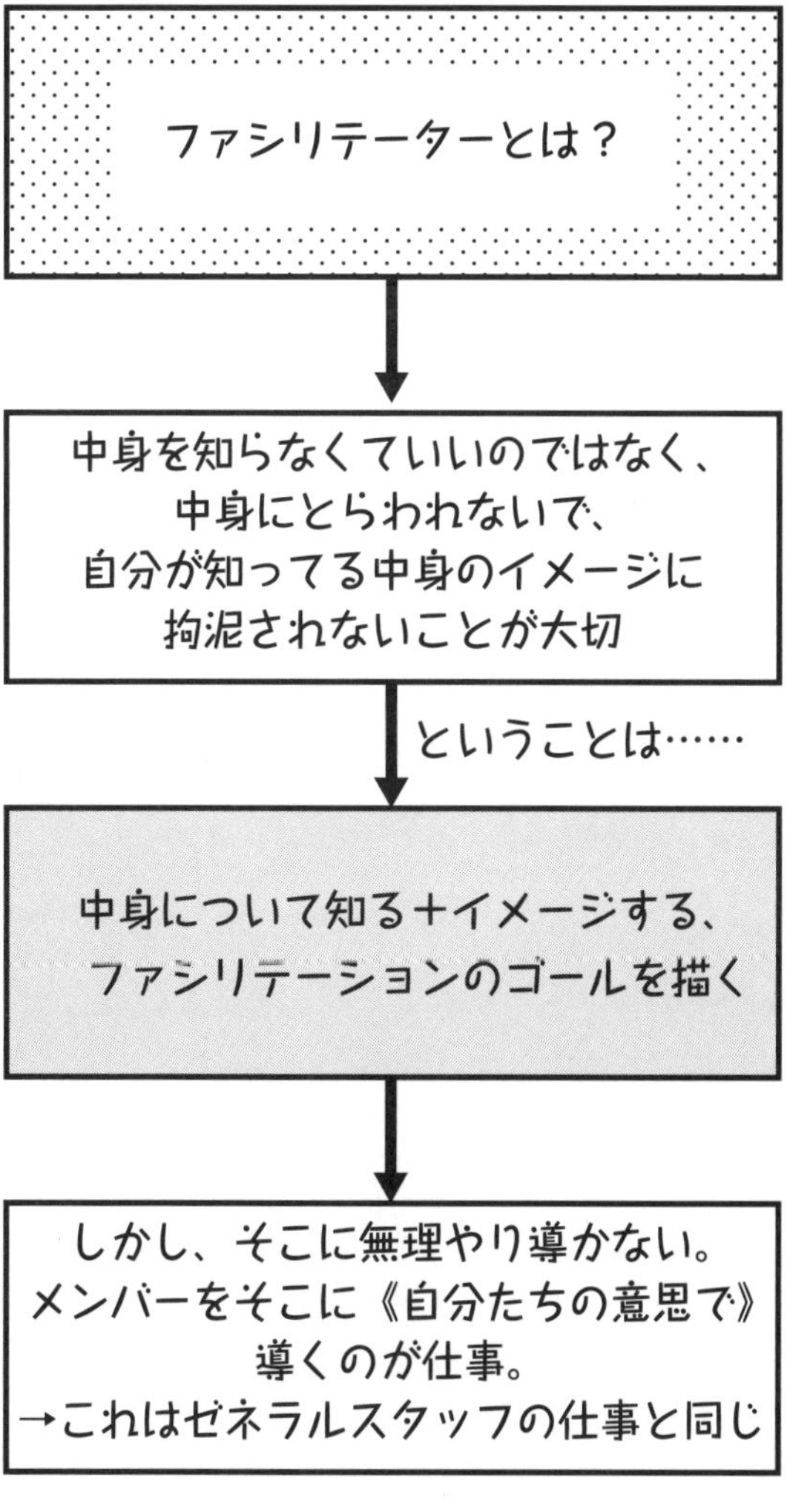
ファシリテーターとは?
中身を知らなくていいのではなく、
中身にとらわれないで、
自分が知ってる中身のイメージに
拘泥されないことが大切
ということは……
中身について知る＋イメージする、
ファシリテーションのゴールを描く
しかし、そこに無理やり導かない。
メンバーをそこに《自分たちの意思で》
導くのが仕事。
→これはゼネラルスタッフの仕事と同じ

ファシリテーターに求められる力

①場をつくる力

　たとえば、会議室で誰がどの場所に座るかで、会議の内容や結論が大きく変わることがあります。提案者と決裁者、役職者、意見の合う人と対立する人をどの席に座らせるかは、会議ファシリテーターの最初で最大の仕事です。それはオフィス内のレイアウトや机の配置、誰がどこに座るかによって、職場の雰囲気から業務の進み方がまるで違うことや、組織を変えるよりもオフィスの配置を変えたほうが業務改革になることと同じです。

　〝場をホールド〟すべきファシリテーターは、ワークショップを行う「場づくり」についてとりわけ敏感に、神経質なほど考え抜き、こだわって準備しなければなりません。会場の場所や大きさ、机や椅子の形やレイアウト、各種備品、室内の温度や湿度、BGM、パソコンや模造紙・付箋の数や色や大きさ、そして参加者の選定や参加手続きから当日会場での〝迎え入れ方〟まで、ありとあらゆる観点から、「ファシリテーションを行う場」をどれだけ趣旨に合った、快適な空間にできるかに心を砕くことが必要です

　たとえば「未来の教育を考える」と題されたワークショップを、生徒が減って廃校になった校舎の教室で行うなど、場所そのものがテーマに対するメッセージをもつこともあります。

なぜ〝場づくり〟が大切なのか?

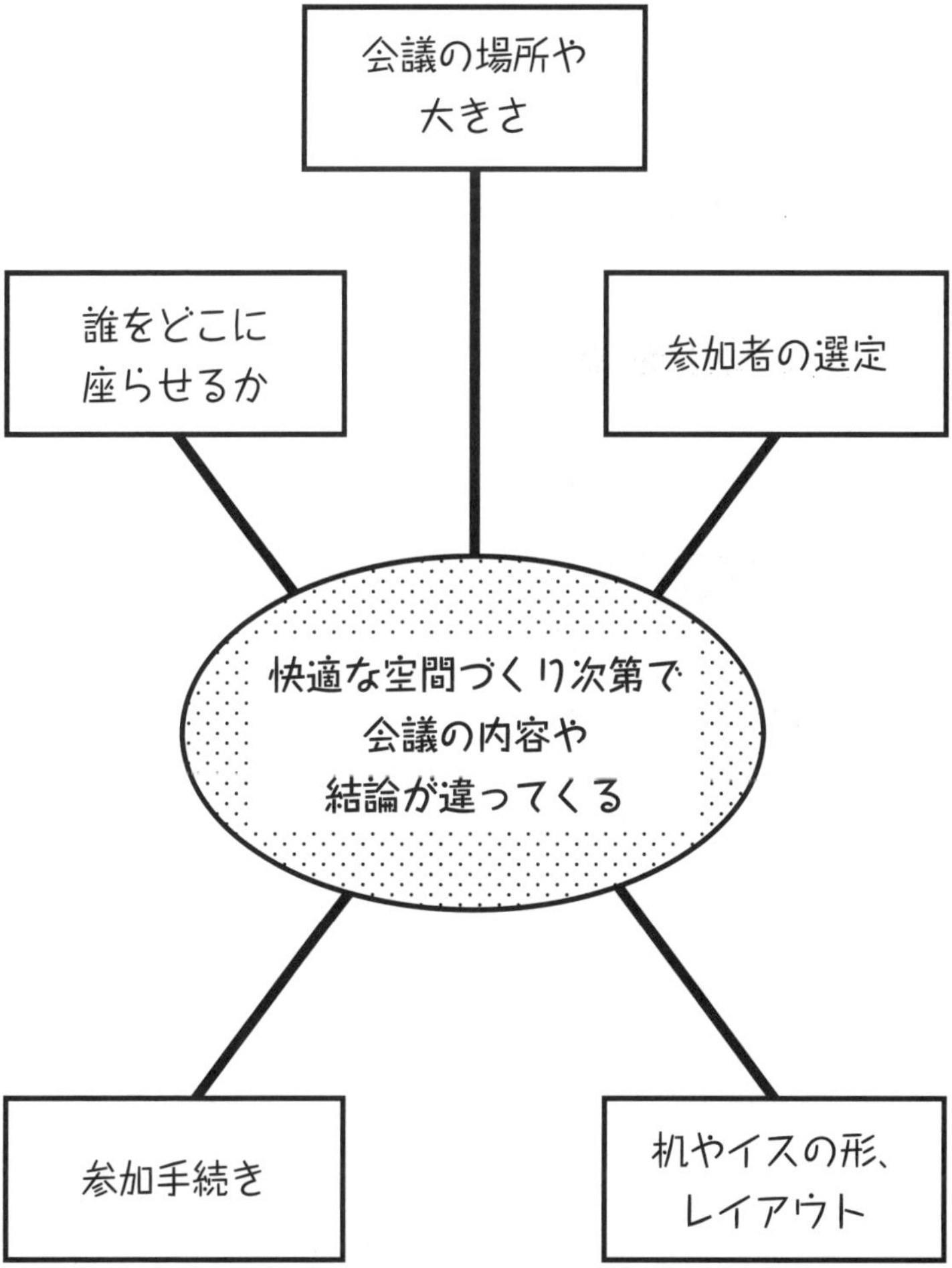

ファシリテーターに求められる力
②場をデザインする力

空間としての場づくりと並んで、会議やワークショップで重要なのが、「時間」という観点から場を設計することです。これからの時間、何と何をするのか、それぞれの時間配分や役者（メンバー）、道具（資料）は何をどう使うかということをプログラム化することが必要です。何を話し合うか、と同時に「何について」「どれだけの時間をかけるか」という形でミーティング全体のシナリオをつくるのです。

重要なことは「**アジェンダ**」と「**ツール**」、そして「**タイムキーピング**」です。

アジェンダとは、ミーティングやワークショップに当たって、どういうことを問いかけ、何を話し合ってもらい、アウトプットしてもらうかについての設計、いわばプログラムを意味します。設計された個々の活動が「セッション」です。

話し合いにはポストイットや模造紙、ホワイトボードのほか、テーマに関する資料や映像、または関連する人の話など様々な「**ツール**」を用います。そして、重要なのが「**タイムキーピング**」。個人やグループでのワークそれぞれについて〝何分以内で〟行うかを常に指示し、ワークショップのゴールまでもっていかなければなりません。いわばテレビ番組のディレクターの役割が求められます。

②場をデザインする力…アジェンド・タイムキーピング

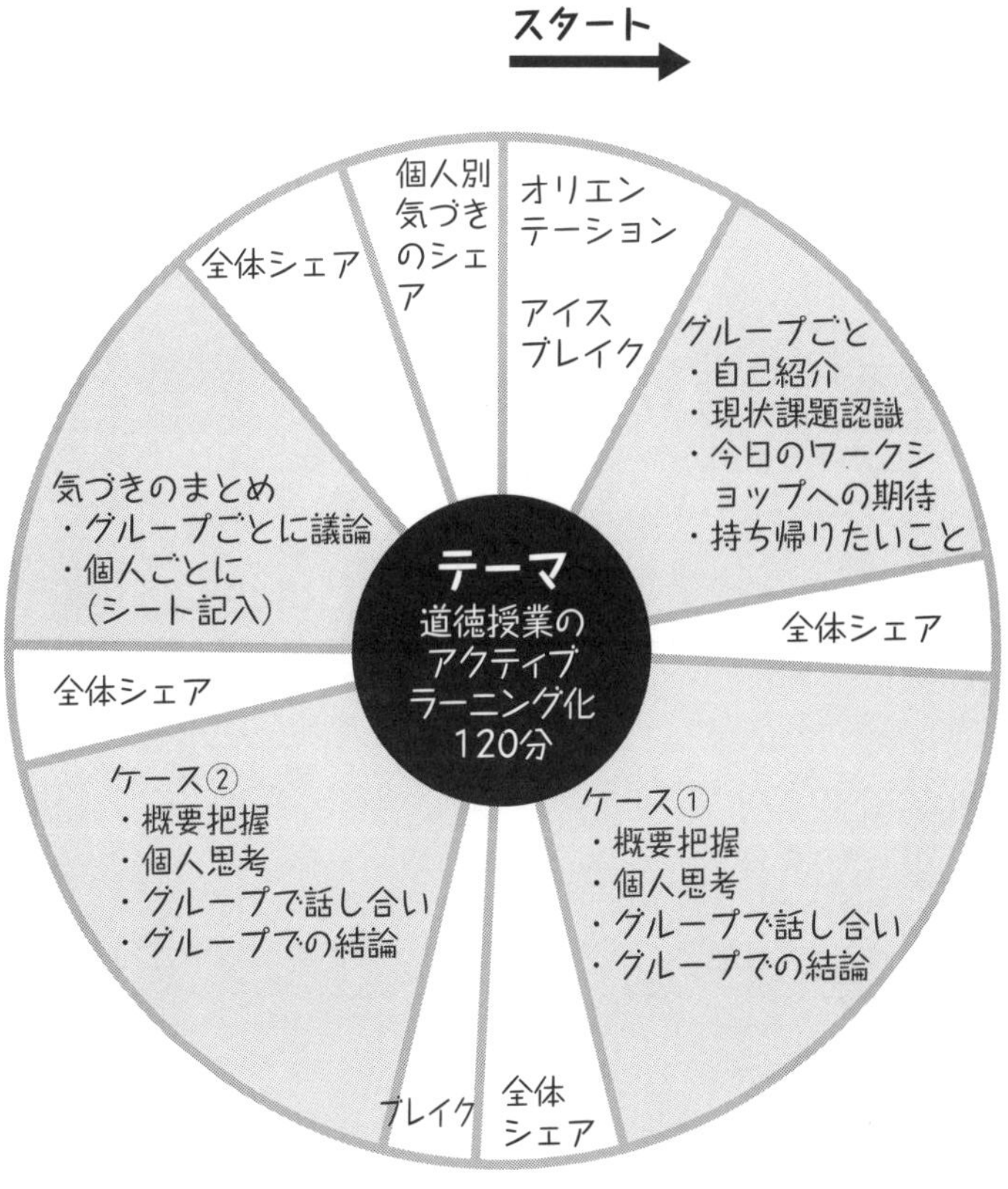

ファシリテーターに求められる力

③先を読む力

「こんなやり方では何も結論が出ないと思うのですが……」

参加者にこんなことをいわれたら、ファシリテーターであるあなたはどうしますか？

参加者の中には、口に出さなくてもこう思っている人もいます。ワークショップの参加メンバーにはいろいろな人がいます。テーマへの取り組みスタンスやゴールに対する考え方も様々、ファシリテーターであるあなたに対する印象もいろいろ、まさにダイバーシティ（多様性）こそがファシリテーションの出発点なのです。

そんな中、ファシリテーターに求められるスキルは次の2つです。

①**洞察力**……この人はなぜこういうことをいうのか、言葉や仕草、場の空気に潜む真意を推し量るスキル。これは個人・グループを問わず、ファシリテーターに必須です。グループごとのメンバー間に生まれる微妙な心理的力学も含めて、深い洞察力が必要です。

②**予見力**……この状況だとセッションはこの先どうなるのか、対立する意見をどうぶつけるか、逆にまったく発言がなかったらどう活性化するか、あらゆる状況をもとに1分先、5分先、そしてワークショップのゴールの時点を予見し続けることが必要です。

①②のためには、経験とともに直観力も必要になります。

言動に表れるココロのサインを読み取る力が必要

【サイン】

腕時計にチラッと目を走らせたら

↓

〈ココロの読み方〉

「この会議はいつまで続くのかなと思っている。まとまらないと思っている」

【サイン】
いつもは反対意見をいう人が、
急に賛成に回った

↓

〈ココロの読み方〉

「これは誰かに何かいわれたのではないか？　これはこの人の本心なのか？」

④聴く力・聞く力

「きく力」はワークショップの参加者にもファシリテーターにも求められるスキルですが、とりわけファシリテーターには必須です。ここでは2つの〝きく〟が重要です。

①聴く力（傾聴力）……自分の思いや意見をはさまずにひたすら相手の言葉を聴く力。簡単なようで非常に難しいことですが、ファシリテーターにも参加者にも必須です。臨床心理学の面談のように、相手の話を否定も肯定もしないでひたすら聴くことによって、課題の本質や相手の本心が見えてくることもあります。

②聞く力（質問力）……その時その場の状況に応じて適確に「発問」することで、議論をまとめて先に進めたり、方向を見せたりします。左ページに挙げたように、ファシリテーターは様々な「聞き方」をすることで参加者たちのアタマを「普段の思考」から「ファシリテーション的な思考」に転換します。

たとえば、顧客クレームのような問題が起きたとき「なぜ、この問題が発生したのでしょうか？」と問うのと、「この問題は（顧客のクレームは）私たちに何を教えてくれるのでしょうか？」と問うのでは、問われた側の印象はまったく違います。

2つの「きく」は、ファシリテーションを先に進める原動力なのです。

④聴く力・聞く力…効果的な質問例

1. 当事者としてどう思うか（当事者性）、将来どうなりたいか（時間軸）

悪い例	良い例
あなたの夢は何ですか？	3年後、あなたはどんな毎日を過ごしていたいですか？
我々のビジョンは何でしょう？	5年後に私たちの会社（組織）は、お客さま（他部署）から何と言ってもらいたいですか？
この結果から何が引き出せると思いますか？	次の取り組みに向けて、この結果は我々に何を教えてくれるのでしょうか？

2. 抽象論から経験へ、逆転（失敗⇒成功⇒今回の欠落）
たとえば、何か問題が起こった時の質問の投げかけの順序として…

◎なぜ、こんな問題が起きてしまったんでしょうね？

◎どうすれば問題が起きなかったと思いますか？

◎うまくいったときは、何が原因でうまくいったんでしょう？

◎あなたにとって、うまくいったときの経験はどんなときですか？

◎そのとき、うまくいった原因は何だったと思いますか？

◎今回は何が欠けていたんでしょう？

ファシリテーターに求められる力

⑤伝える力

『伝える力』『伝え方が9割』といった本が長らくベストセラーであり続けるように、「伝え方」についてはビジネスの場面だけでなく、プライベートな領域を含めて大きなテーマであり課題です。ファシリテーションは、この価値観の多様化・多層化したダイバーシティ社会の中で、人と人とのコミュニケーション基盤を取り戻す最後の場面かもしれません。そこでのファシリテーターは「伝え方のプロ」でなければなりません。

伝え方のテクニックは様々ですが、ポイントは2つです

①相手のアタマの中身を想像しながら話を組み立てる

「こちらがいいたいこと」の前に、相手のアタマの中身はどうなっているか、何に関心があり、何を知りたいのか想像し、想定したうえで伝えたい内容を組み立てます。

②相手のアタマの中の〝現在地〟を確認しながら話を進める

「皆さん、ついてきてますか?」「○○という話なんですが、イメージできますか?」など、相手のアタマの〝現在地〟を確認しながら話を進めます。

ファシリテーションでは「KP法」と呼ばれる「紙芝居プレゼンテーション」がよく使われますが、参加者のアタマを少しずつ動かしていく手法として有効です。

相手のアタマの中身を想像する

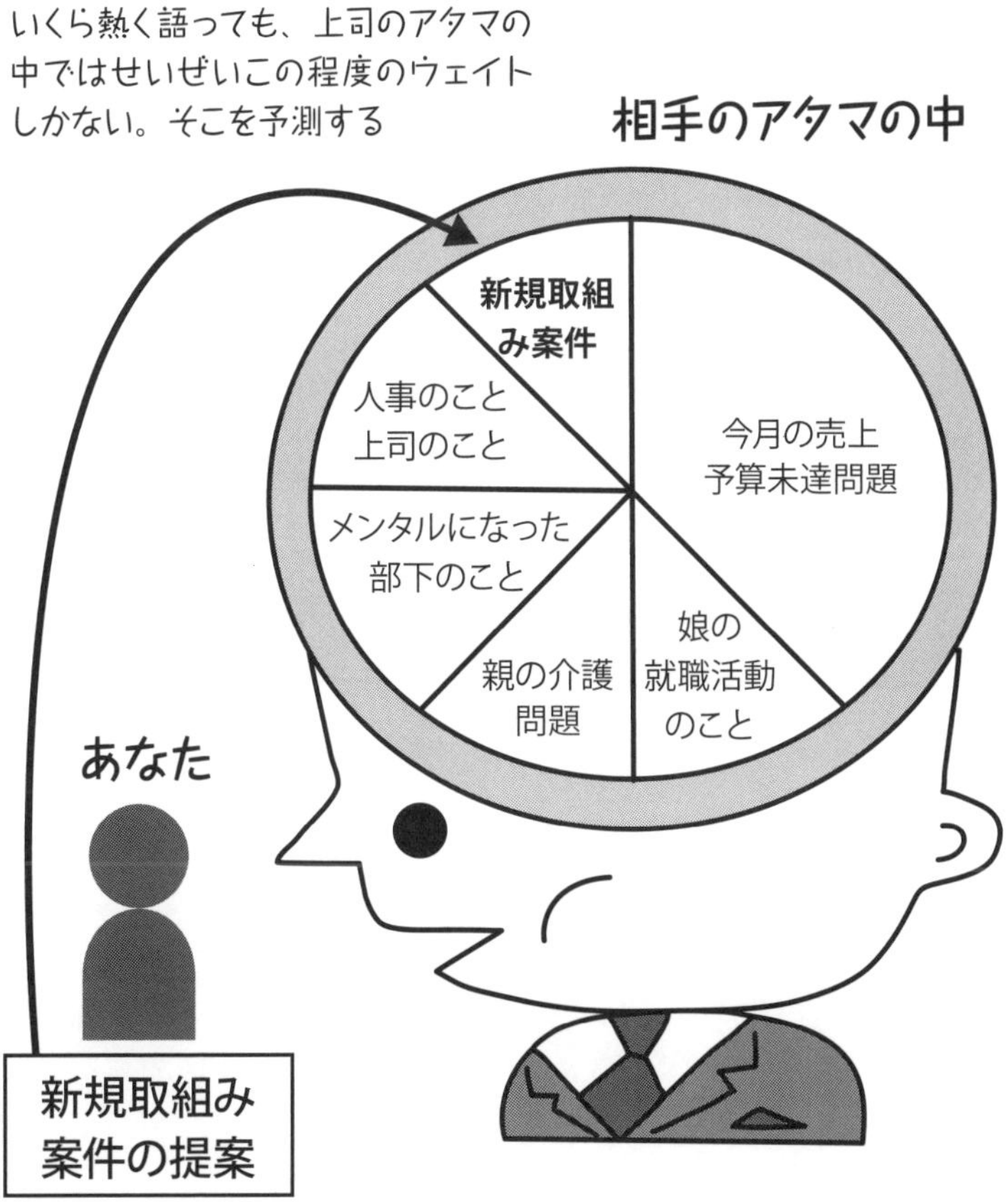

あなたがいおうとしていることについて、相手のアタマの中でどの程度のウェイトにあるかを予測する！　そのうえで話す……相手の立場に立つことが「伝える力」の第一歩

ファシリテーターに求められる力

⑥引き出す力

「名人の落語は、噺家が高座から消えていくように感じる」

落語の世界ではよくいわれることですが、ファシリテーターにも同じことがいえます。ファシリテーターとは、あくまでも参加者の話し合いを「促進」し「容易に」する役割の人。それは〝仕切りテーター〟の真逆の人です。強引に参加者をリードしてどこかのゴールに連れていくのではなく、入念な準備の上で自分なりの着地点はもちながらも、参加者の思いを引き出してその場の空気を色づけていく。それもファシリテーターが思う色ではなく、「それはこういうことですか」という形で明確化していくなかで、無理なく何らかの「総意」の上に色づける、そんな役割がファシリテーターに求められます。

ここで求められるのが、参加者グループの中から何らかの方向を「引き出す」力です。

話し合いの参加者の考えは様々です。時には根源的な対立関係に陥ることもあります。そうした場合も、対立場面の中からいかにして「総意」を引き出すか、そこではファシリテーターの腕が試されます。

同意からは相乗効果を、対立からは妥協と総意を引き出す力、これもファシリテーターの必須スキルといえます。

対立から総意を引き出す力

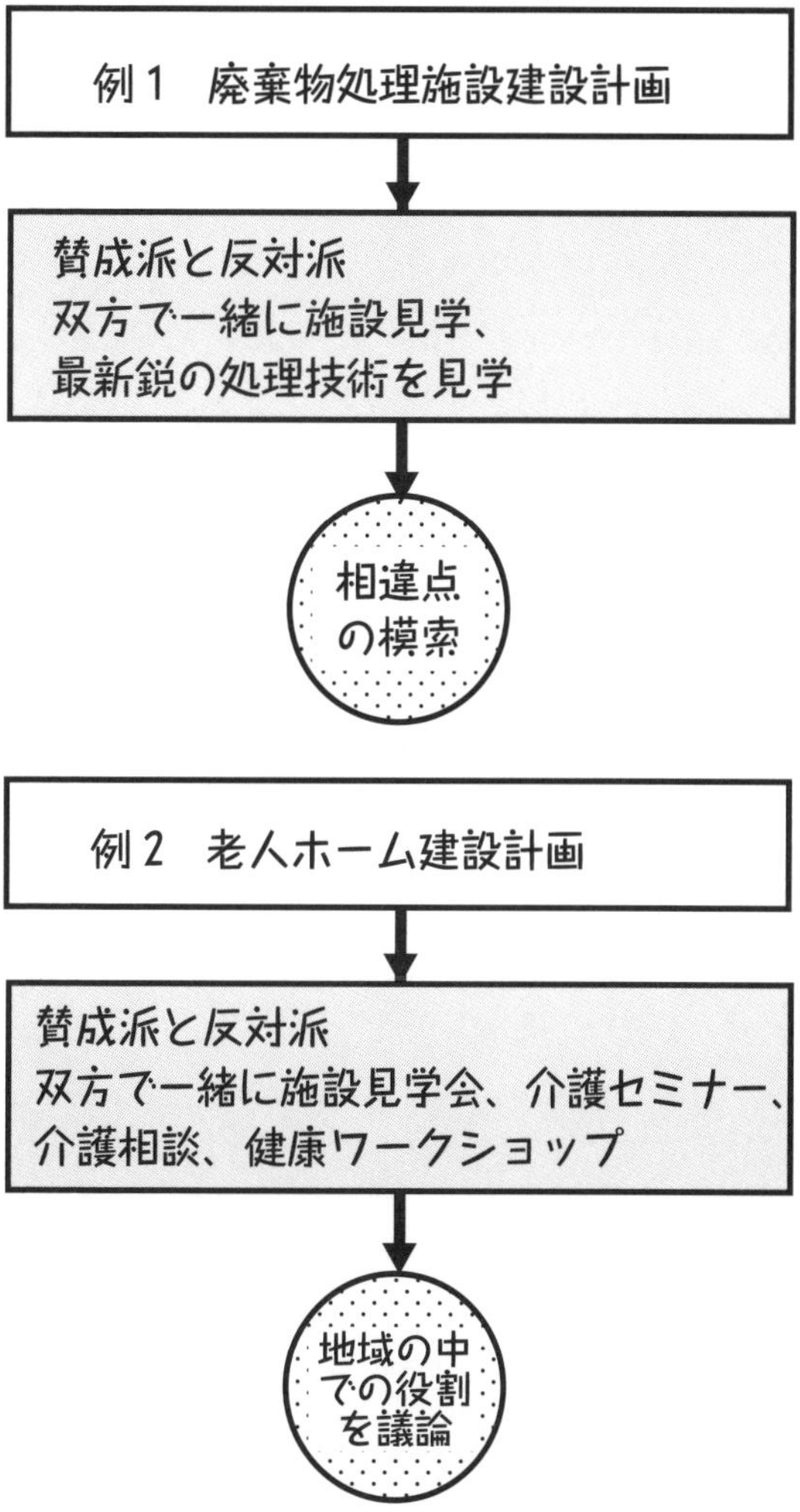

ファシリテーターに求められる力

⑦書く力＝見える化する力

ファシリテーターにとって「書くこと」は基本のスキルです。本書冒頭の例のように、ミーティングで誰かが何かを言ったら反射的にホワイトボードの前に立って書き始めているとか、ノートにメモをしているなど、ファシリテーターは「メモ魔」でなければ勤まりません。なぜなら発言や議論を形に残らない「空中戦」から形に残る「地上戦」へと転換することがファシリテーションの根底にあるからです。書くことの意義は3つあります。

①発言者と発言内容を分ける……書くことによって「誰の発言か」を、「何を言っているのか」という形に転換することで、発言者を気にせず意見の中身に集中してもらいます。

②テーマに関する意見や議論の全体像を示す……個々の意見をテーマ全体の中で位置づけることで、参加者が個々の話に拘泥《こうでい》されず、高い視点に立つことができます。

③書かれたもの、表現されたものを、参加者全員で〝眺める〟……書かれたこと一つひとつについて「議論」するのではなく、ボード全体をみんなで**眺めてみる**ことによって「全体はこうなっているんだ」という形で**個々のこだわりを消して**大局的な観点を得ることができます。

書くことにより、参加者全員の視点をぐっと上げて、大きな道筋をもつことが目的です。

書く時の留意点

①要点・キーワードを抽出する
発言を聞いて、その意図やニュアンスを素早くとらえキーワードで表現する
→日頃の会話でも、相手の要点を一言でとらえるトレーニングが有効

↓

②まんべんなく拾い上げる
自分の意見がちゃんと書かれているかどうか
＝参加者にとって気になるしモチベーションの源泉
→同じような意見は「正」の字にするなどしてでも必ず発言者の意見を残す

↓

③ＰＡ（パーキングエリア）を活用する
ちょっと外れた意見や場違いな話が出ても、ホワイトボードの隅に「パーキングエリア」を設けてそこに書いておき、後で議論する旨を伝える

↓

そして、書かれたものを全員で『眺める』

ファシリテーターに求められる力
⑧まとめる力

書店には多くの「プレゼンテーション手法」の本が並んでいますが、ビジネスの現場では「まとめる力」やそれを「表現する力」は必須です。パート3でも挙げたように論理化や構造化の手法は様々ありますが、そうした「技法」の前に論理的な思考法と整理法をまず身につけましょう。参加者の自由な発想を引き出してみんなの思考をまとめるべきファシリテーターであればこそ、なおさら論理的思考で話を整理分類できるスキルは必須です。

日常的なトレーニングとして、会議ミーティングが終わったら、その内容を「**A4・1枚**」にまとめて書いてみることをお勧めします。テーマや出席者はもとより、30分なり1時間の間に出てきた意見や発言を時系列的にメモし（＝議事録）、これをもとにその会の「論点」「意見」「議論プロセス」「結論」としてまとめなおすのです。

重要なのは、論点の大きさ、大中小を見極めて、これを論理的につないでひとつの話にできるかどうかです。もちろん「まとまらない会議」や「アイデアを広げるミーティング」もありますが、そうした場合も、そこに参加していなかった人にその場の状況を正しく知らせることができるか、という視点で資料に仕立てることが重要です。

ファシリテーターのスキルはこうした基本的な毎日から始まります。

まとめる力

●会議やミーティングの「まとめ方のポイント」

ポイント1　今日のテーマについて
・出席者
・本日の議題

ポイント2　論点ごとの方向性と課題
・論点ごとの主な発言をまとめる

ポイント3　この日の結論
・決まったこと
・決まらなかったこと

◎持ち帰って検討すること
◎次回までの宿題
◎次回開催予定

ファシリテーターに求められる力

⑨共有する力

「では、今考えたことをおとなりの方とシェアしてください」

「テーブルごとにどんな意見が出たか、フロアー全体でシェアしましょう」

ファシリテーションでは、「シェア」する場面がたくさんあります。

シェアとは言葉の意味通り「共有」や「分かち合い」の意味ですが、とりわけファシリテーションの中では、その場で起きたことや思ったこと、口にしたことを、それを知らない周りのメンバーと共有し合うことを意味します。これは「しっかりした理由や論理がなければ口にすべきではない」といったスタンスとは真逆、思ったことはすぐに口にするし、それをすぐ誰かにいうことで、いろいろな発想を知り合い、みんなが同じ土俵に立って議論のレベルを上げていく、という考え方にもとづいています。

シェアの方法は単に言葉を交わすだけではなく、立ち上がって他のグループの模造紙や成果物を見に行ったり、自分と相手の共通点を探すアイスブレイクなど、様々です。特にワークショップでは、**個人で考え↓グループでシェアし↓全体で共有し↓グループメンバーを変えてシェアし↓個人で考える**……といった、個人と集団で思考の場面を行ったり来たりすることで、より深い、立体的な共有が可能になります。

ワークショップのプロセスとレイアウトの関係

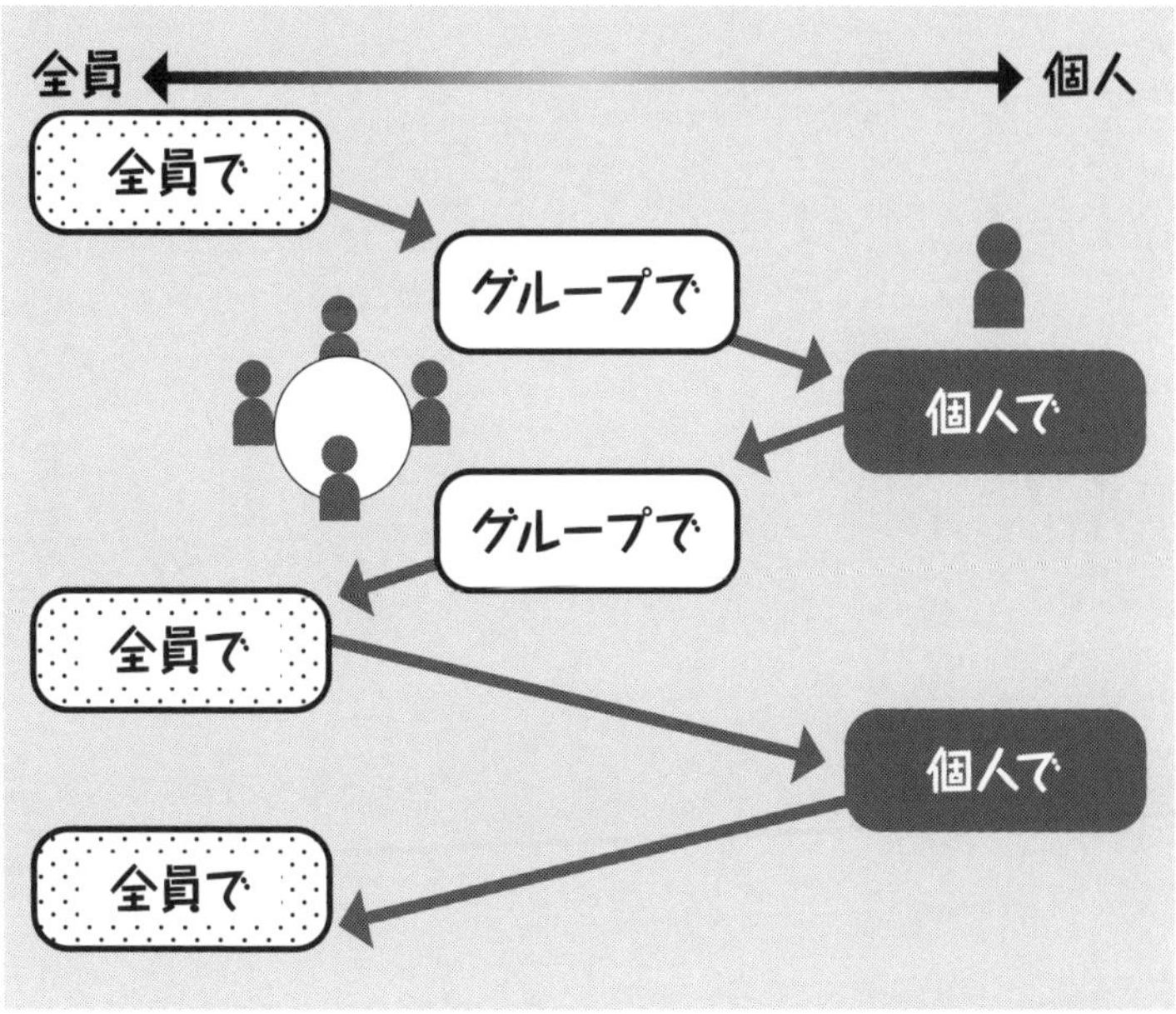

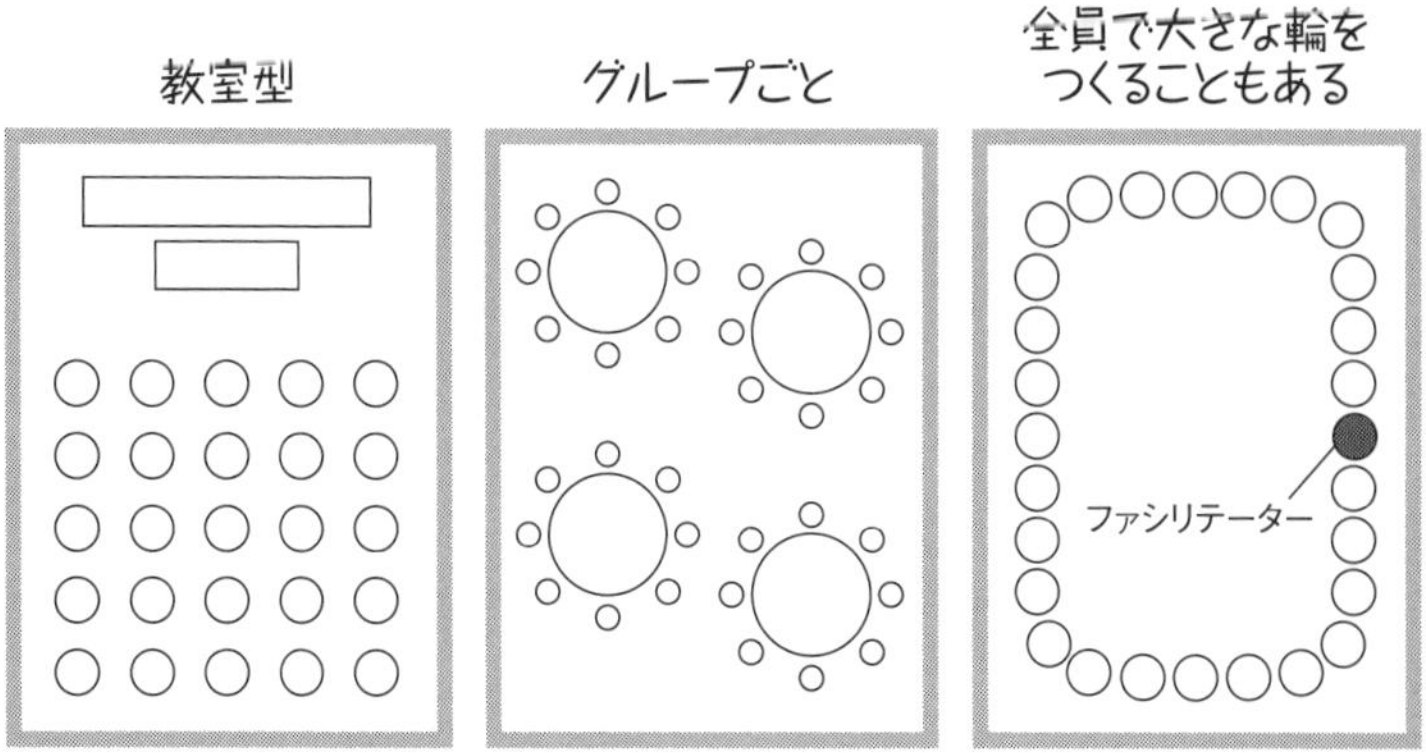

ファシリテーターに求められる力
⑩動かす力

ファシリテーションの最終目的は何でしょうか。

様々な立場や考え方がありますが、ひとついえるのはワークショップの前と後で何が変わったか、ワークショップの前の状態に比べて、終わった時にどれだけ個人や組織が「動いたか」ということが、ファシリテーションの成果のメルクマールです。一見何も変わらないように見えても、人の心の奥底や組織の深層では何かが変わってきた、何かが動きはじめた、というのがファシリテーションの目的といえます。

ファシリテーターは、課題やテーマの中身そのもののあり方に関わることなく、しかしその場に集まった参加者の何かをとらえ、何かを動かしていくことが必要です。それは単に、一方的に「引っ張っていく」ことではなく、参加者たちが何かに気づき、自分たちで納得=腹に落とすことで動き出す、そうした状態をつくることです。

日常的には、たとえばミーティングの前後で何が変わったか（変わらなかったか）を意識するだけでもトレーニングになります。〝今の時間、いろいろ話し合ったけど話す前と何が変わったのかな?〟そうした問いかけの積み重ねが、ファシリテーションスキルの醸成には非常に大切です。

目的はワークショップの前と後で何かを変えること

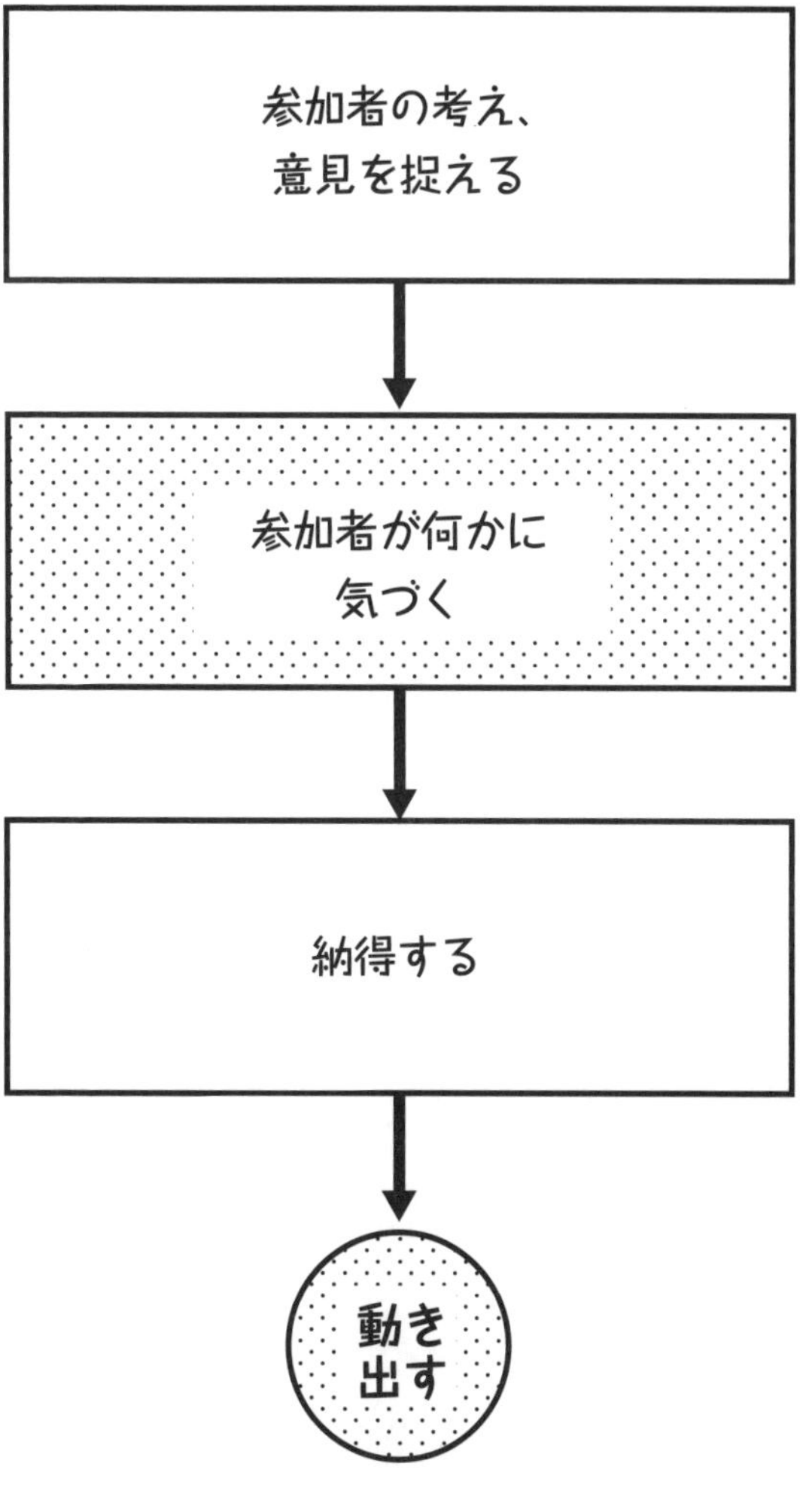

コラム●ファシリテーターは〝きっかけづくり〟の達人になれ！

ある買い物調査で「女性がハンドバックを買う理由」を調べたときのことです。「リクルートのため」「仕事上必要で」「新しく買った服に合わせて」「季節の新作がほしくて」等々、アンケートでは様々な理由がわかりました。しかし、一番多かった答えが、「ひとつ、ちゃんとしたバッグがほしかった」でした。デザインや機能、ブランドも様々なハンドバッグの中から、機会があれば（出会いがあれば）ちゃんとしたものがほしかった（その基準は様々ですが…）、というのが一番多かった答えだったのです。

これはマーケティングの限界です。お客様一人ひとりは何かのきっかけさえあればよく、それはある意味で、衝動買いをした場合の事後的な理由づけ＝正当化ともとれます。もとよりモノは有り余る今の時代、生活必需品を別とすれば「人が物を買う理由」はこうした「きっかけ」があるかないかにかかっています。

＊

ある商店街での話、集客と活性化のための施策として、ある喫茶店で「マイマグカップ」をもってきたお客様には「コーヒー1杯サービス」というアイデアがありました。自分が普段使っているマグカップを家からもってくれれば、お替わり一杯無料、という単純なサービスです。「そんなことで何人のお客様が集まるのか？　いくら売上げが上がるのか？」といった周囲の冷めた意見とは裏腹に、結果は大成功。売り出しキャンペーン中には多くのお客様が集まり、商店街集客の要になりました。

小さな商店街から大型ショッピングセンターまで、季節ごとのキャンペーンでは多くのクーポン券が発行され、お客様に配布されます。その多くはこうしたささいなサービスですが、重要なのはこうしたサービスが、お客様がその店に行こう、という「きっかけ」になることです。それは実際の割引率がどうの、ポイント倍付がどうのといった中身よりも、どうせならその期間に、その機会にその店に行こう、という気持ちから生じる行為です。ポイントが増える、割引があるから買いに行く、というのは後付けで、とにかくその期間に買い物に行く理由（口実）が欲しいのです。

＊

都会のマンションで、クリスマスの季節に玄関近くのホールで、そのマンションに住む子供たちを集めてクリスマスのオーナメントを作って飾る、というイベントを行いました。

普段は顔を見て会釈する程度だった住人たちも、「実はあのお子さんはお宅のお子さんだったんですか」「いつも別々に会うあのお二人がご夫婦だったのですね」などと分かり合い、親しく挨拶し合う場面が印象的でした。

一部の方を除いて、マンションの住人たちは何かあれば触れ合いたい、と思っています。しかしこちらから声を掛けるのも勇気がいる、という中で、イベントがきっかけになって知り合うことができ、結果、マンション内という〝地域社会〟が活性化しました

こうした〝きっかけ〟の意味と役割はファシリテーションにとてもよく似ています。ワークショップという「場」をきっかけにして、普段会うこともない、時には絶対に会うことのなかった人々が集い、言葉を交わし、時間を共有する。そしてひとつの結論をもって元の生活に戻る……ファシリテーションはまさに「一期一会」の場なのです。

パート5
動かない組織を動かす【分野別ファシリテーション実践例】

どんどん広がるファシリテーションの生かせる「場」……企業・まちづくり・教育・医療福祉

　ファシリテーションが「求められる場」や「生かせる場」はどんどん広がっています。パート5では4つの分野について、ファシリテーションの広がりと手法の特徴をご紹介します。

①ビジネス分野……会議の効率化からチームビルディング、部下や上司の動かし方まで、幅広く応用できるスキルとしてファシリテーションがあります。中でも会議やミーティングのやり方改革は、ファシリテーションの本領が発揮される場面です。

②教育分野……学習指導要領の改定を機に、学校の授業の中で「アクティブラーニング」と呼ばれる〝参加型授業〟が実践されます。これからの先生・生徒にとって、ファシリテーションは必須です。

③まちづくり分野……少子高齢化と人口減少で、過疎化を超えて「地方の崩壊」が指摘される中、地方創生やまちづくりの手法としてファシリテーションは不可欠です。

④福祉・医療分野……多くの専門スタッフがひとつになって一人の患者や要介護者を見る「多職種連携」や、高齢者を地域で見守る「地域包括ケア」の要請が高まる中、ファシリテーションの技法は医療・福祉関係従事者にとっても必要なスキルとなっています。

ファシリテーションの生かせる場とは…
企業・まちづくり・教育・医療福祉

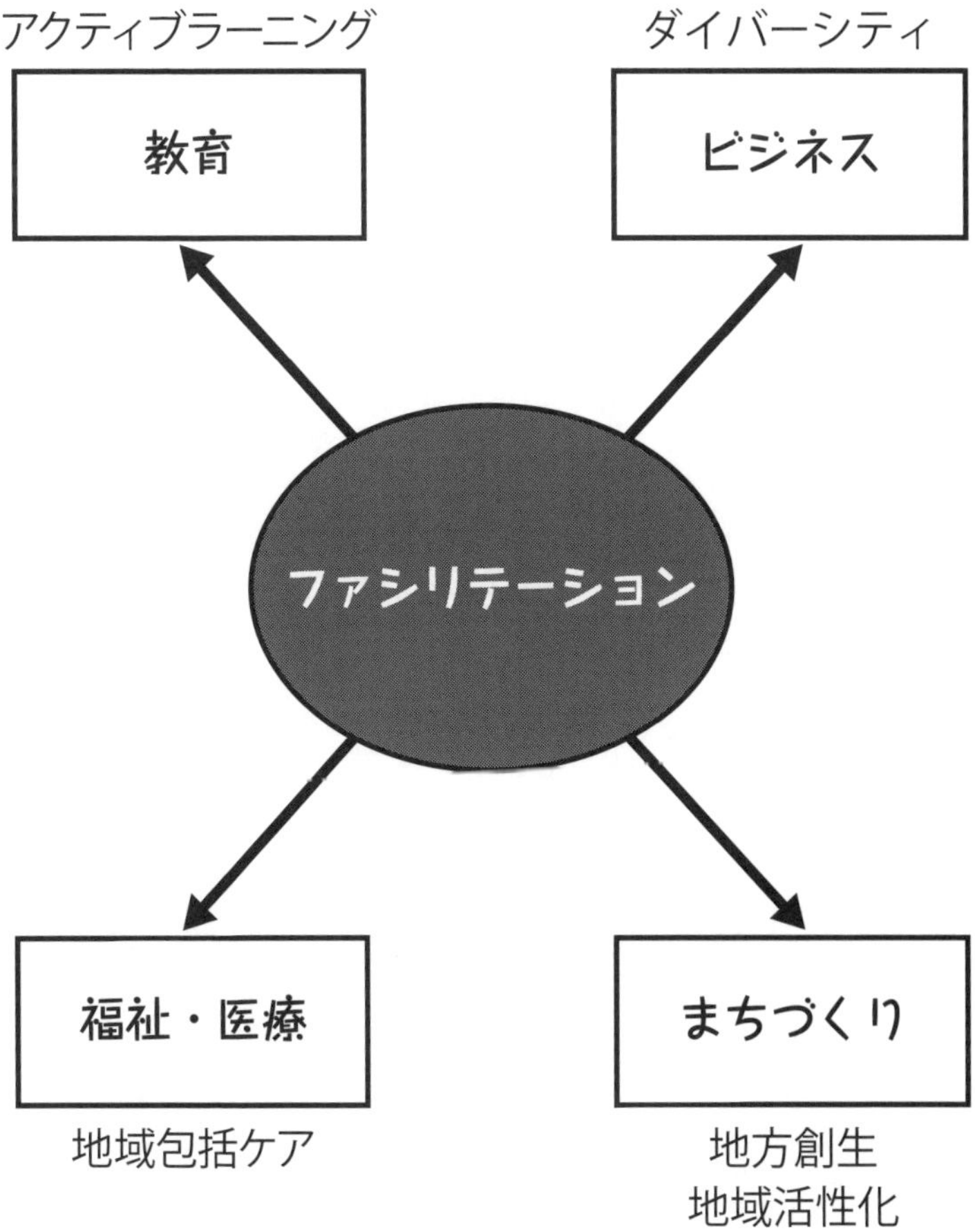

①-1　日産ゴーン改革の根っこにあったものとは

カルロス・ゴーンといえば、日産自動車の社長として数々の改革を行い、業績低迷していた日産を短期間でV字回復させた経営者として、あまりにも有名です。先般、日産の「会長兼CEO」からCEOを辞任する一方で、日産の会長&ルノーのCEOとして「日産・ルノー連合」の全体を見る立場になったことからも、日産のゴーン改革が成功し、一区切りがついたことがわかります。

ゴーン氏には、「コストカッター」の異名とともに、国内の日産工場を次々と閉鎖していく「大ナタ」を振るったリストライメージがありますが、彼の経営改革（日産リバイバルプラン）はむしろ、日産自動車という会社の組織と仕事の仕方を徹底的に変えていく、きわめて地味で堅実な手法の積み重ねでした。その中心が「Ｖ‐ｕｐプログラム」と呼ばれる、部門組織横断型の会議の手法を、あらゆる場面で浸透させることでした。

ゴーン氏着任の前から、日産自動車では現場の業務改革であるQC活動は盛んに行われていました。ゴーン氏はこれに一定の評価を示しながらも、「会社の業績に貢献する課題に対するクロスファンクショナルなチームによる、効果的なプログラム」へと変換していったのです。その中心となったのが「Ｖ‐ｕｐプログラム」でした。

V-upプログラム

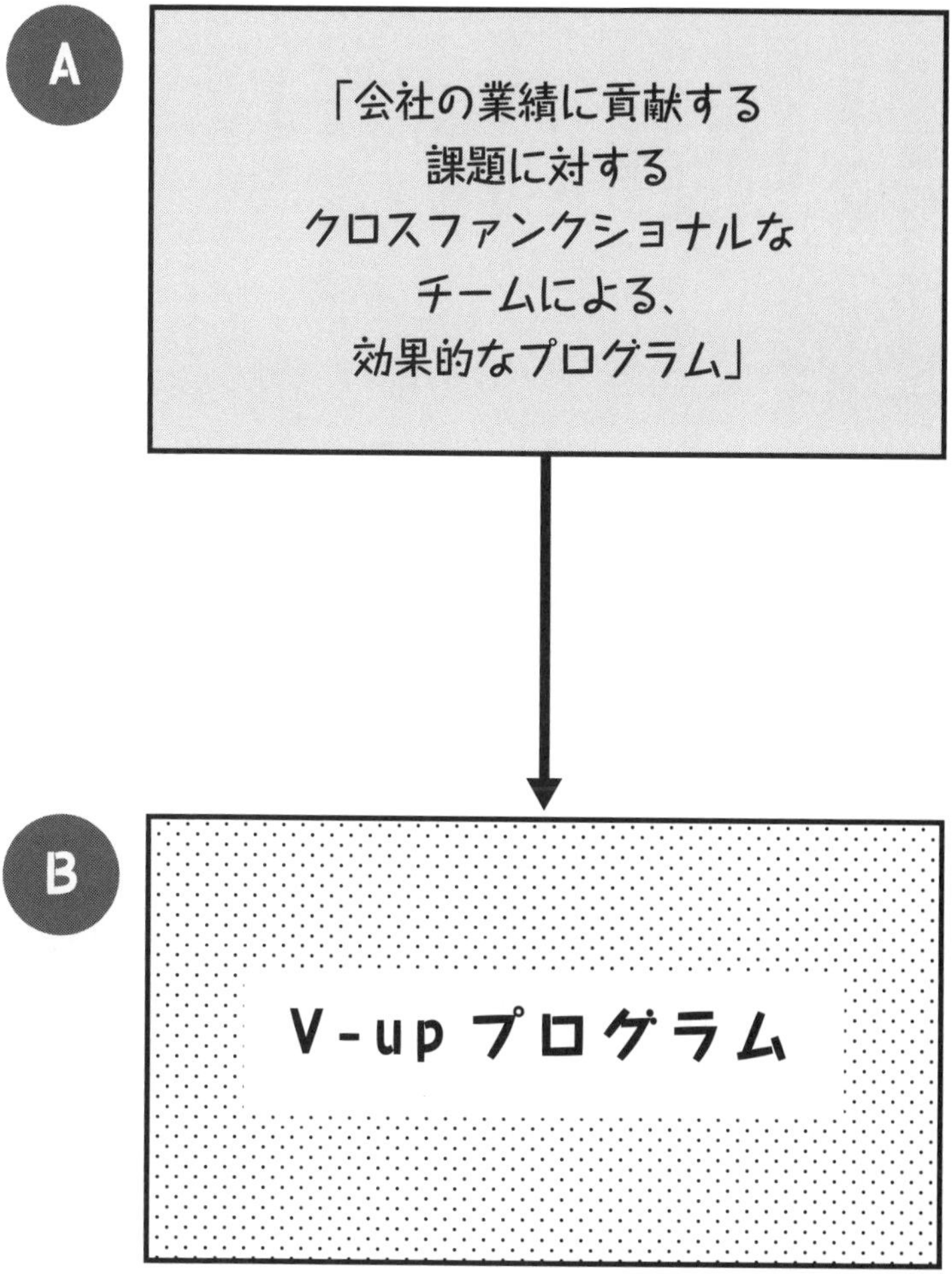
A
「会社の業績に貢献する
課題に対する
クロスファンクショナルな
チームによる、
効果的なプログラム」
B
V-up プログラム

①-2 問題を明確にして関係者が共有する「部門横断型課題解決プロジェクト」で成功

「何が課題なのか、ということがわかったら、問題の8割は解決している」

コンサルタントの世界ではよくいわれることです。企業改革で何が難しいかと言えば、「何が課題なのか?」ということを明確にし、関係者が共有することです。多くの場合、本書冒頭の例のように各人が別のニュアンスやスタンス、ベクトルで思ったり感じたりしており、課題そのものを共有するのにひと苦労です。

V-upプログラムは、企業改革の急所である「課題」の明確化と「解決策の立案」について、部門横断型でクロスファンクショナルな実務メンバーを集めて議論し、そしてこれを決裁すべき立場の人が決裁する〝話し合いのやり方〟として確立されました。それは3つの要素から構成されます。

①IDEA……課題は何か、何を課題として設定すべきかを共有するために、課題を分解し、定義していくプログラム

②DECIDE……多くの部門にまたがる重要課題について、解決策を決める

③V-FAST……部門内での日常的な課題を話し合い、結論を出して実行に移す

これらの〝話し合い〟のベースにあるのは、すべてファシリテーションなのです。

V-upプログラムの進め方

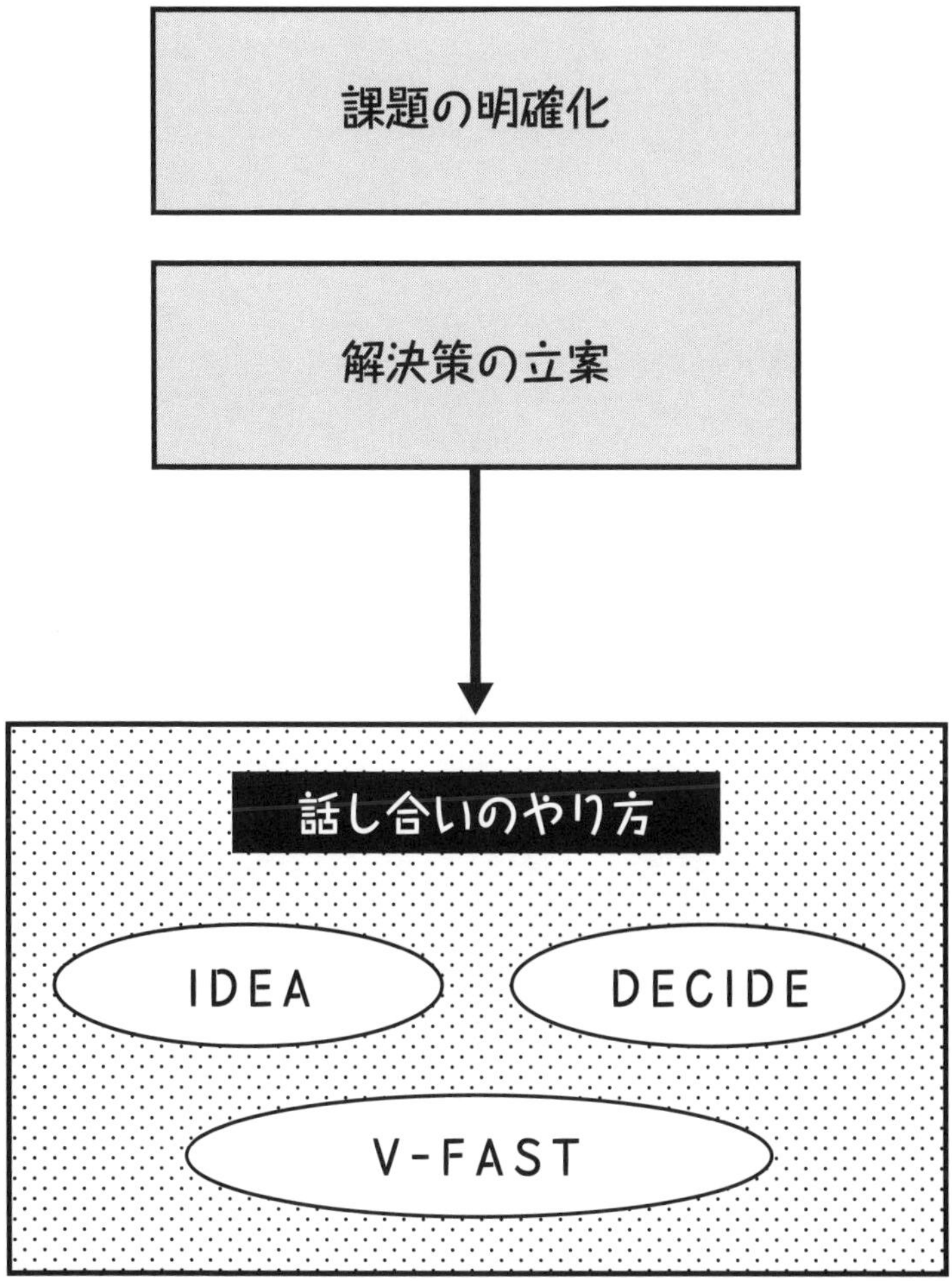

①-3　IDEA……解決すべき課題は何なのかに徹底的にこだわる

IDEAは、

・Identity（課題発掘）
・Define（課題分解と定義）
・Effect Validation（予測効果確認）
・Approval/Acception（承認／合意）

の頭文字を並べたもので、「解決する必要の高い課題を発掘し、適切な大きさに分解し、優先順位を付け、課題を明確に定義する」プロセスです（井上達彦監修『日産V‐upの挑戦』56頁参照）。

課題そのものを定義する？　何のことかとお思いかもしれませんが、前項で示したように多くの企業組織や業務の問題は、「課題が共有されない」ことが、改革が進まない一番の障壁です。なぜなら、「課題」というのは人それぞれが抱く勝手な「理想像」を前提に語られるものであり、その人の知見や経験、考え方、立場、そしてその時々の感情によってばらつくものであり、これを「ひとつにする」だけでも大きな仕事だからです。

IDEAで定義され共有された課題は、次の「課題解決段階」に引き継がれます。

IDEAの概念

Identity (課題発掘)
Define (課題分解と定義)
Effect Validation (予測効果確認)
Approval/Acception (承認/合意)

①-4　DECIDE……部門を越える重要課題を解決する

DECIDEは、

・Define and Estimate（課題定義と予想効果の評価）
・Create a team（チーム編成）
・Improve/Innovate（改善／革新の方策立案）
・Deploy（方策の展開と実行）
・Evaluate（改善効果の確認）

の頭文字をとったもので、複数部門が関わる課題の解決にあたって用いられる手法です。

たとえば「カーナビゲーションのマニュアルの印刷費をいかに削減するか」といった、サービス、技術開発、IT、セールス、お客様相室など、多くの部門にまたがる課題について、部門を越えたメンバーでDECIDEチームを編成し、話し合いを行います。

メンバーの選定や課題の理解、各種データを用いた現状把握、根本課題の特定と改善案の策定といったプロセスを共に議論することで、メンバー相互の状況理解や一体感が醸成され、「自分たちで作り上げた解決策」になっていきます。そして実行と改善効果の確認まで一連の流れとしてかかわりをもつことで、当事者意識が高まるのです。

DECIDEとは

Define and Estimate
（課題定義と予想効果の評価）

Create a team
（チーム編成）

Improve/Innovate
（改善／革新の方策立案）

Deploy
（方策の展開と実行）

Evaluate
（改善効果の確認）

①-5 日常的な課題を見つけて素早く解決する「集中討議」が日産流会議

職場の中には「問題だとは思うけれどもなかなか手が付けられない課題」が山ほどあります。たとえば「優先度」と「緊急度」でマトリクスをつくって整理すると〝優先度は高いが緊急度は低い〟というゾーンにあるような課題がそれです。こうした日常業務に近い部分で、「解決できたら効果は高いが、なかなか手が付けられない課題」について用いられるのが、V-FASTという手法です。V-FASTとはV-up Fast Solution Teamの頭文字で、日常的な課題を見つけて素早く結論を出し、解決することが目的です。まさに「その日にはじまり、その日に結論を出す」のがV-FASTなのです。

「**課題解決→チーム編成→集中討議→リーダーへの提案と決裁→方策の実行と評価・定着**」といった一連のプロセスの中で特徴的なのは、課題解決の中心となる「集中討議」の場面になるとリーダーが退出し、チームメンバーだけで話し合いを行うことです。もちろん集中討議の冒頭にはリーダーから「課題の提示」と「質疑応答」がありますが、それが終わるとリーダーは部屋を出て、ファシリテーターを中心にメンバーたちが解決策を検討し、最後に、リーダーが戻って各案に対して必ず〝Ｇｏ〟or〝Ｎｏ　Ｇｏ〟、やるかやらないかを決裁します。ここに、日産の会議とファシリテーションの真骨頂があります。

日産改革のカギは〝集中討議〟にある

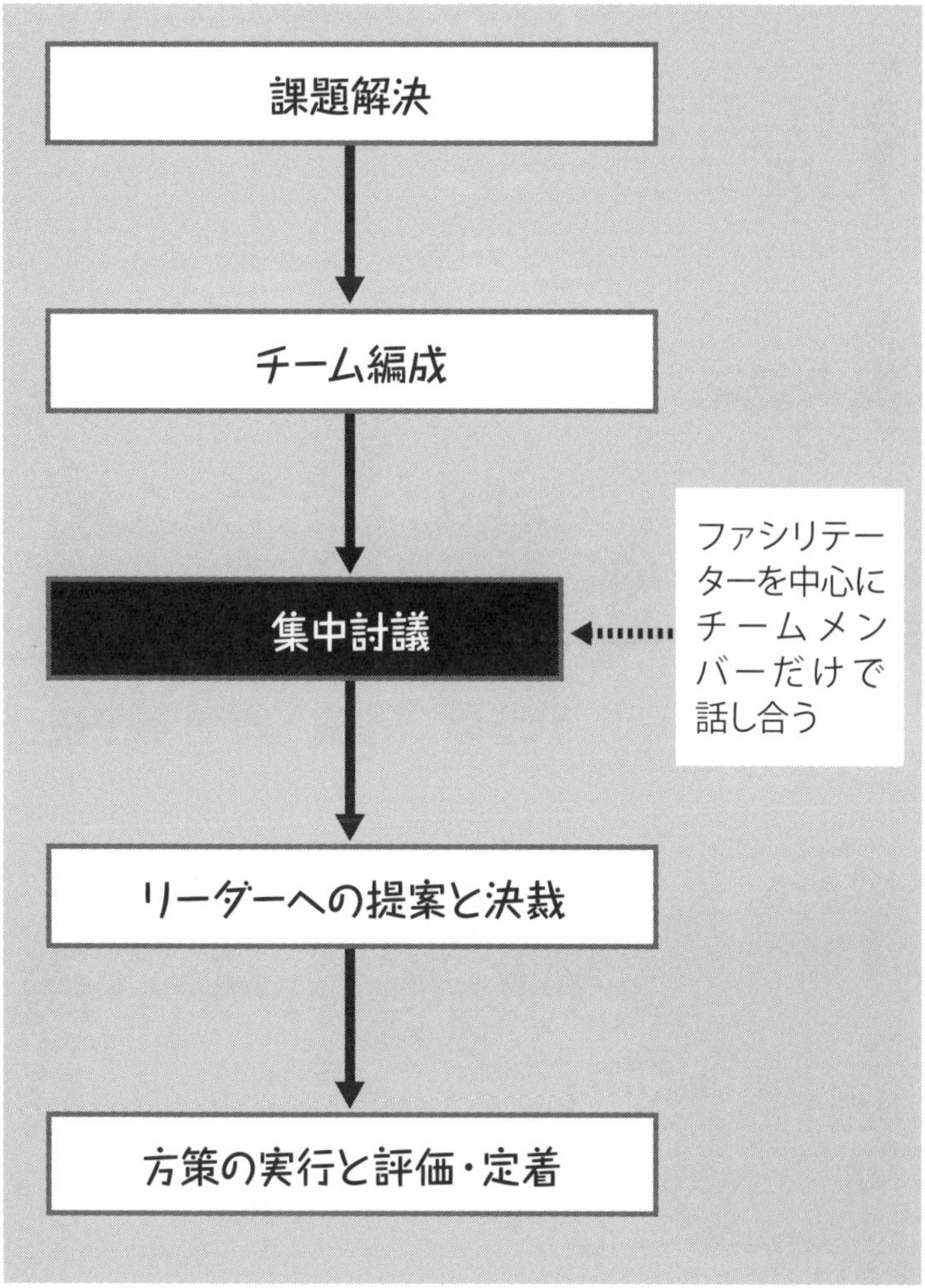

①-6 V-upで用いられるファシリテーションツール

「日産の会議」で用いられるツールは、正に前章までにご紹介したワークショップでのファシリテーションに使われるものです。ファシリテーターは一定時間のファシリテーション研修を経た人であり、まさに日産の会議はファシリテーションをビジネス場面に適用したものです。主なツールは次の通りです。

・**グランドルール**……68頁で挙げたルールを日産の会議に当てはめたものです。特に最後の「安全なシェルター」は、組織に働く人々の心に響く、きわめて重要な項目です。

・**系統図**……課題に対して「なぜ」を繰り返すことでその要素を細かくしていく手法です。「なぜ、は5回繰り返すこと」をルールにするなど、この形で掘り下げていくと抽象的な課題の構成要素が明確になり、解決への糸口が見つけやすくなります。

・**親和図**……ファシリテーションの現場で最もよく用いられる手法で、様々な意見や思いが貼られたポストイットを、同じもの同士まとめていく手法です。

・**ペイオフ・マトリクス**……「実現までの期間やスピード」と「効果の大きさ」を2軸で表し、解決策を整理することによって、方策の絞り込みや、手を付けていくべき優先順位が明確になります。

V-upで用いられるファシリテーションツール

グランドルール

例）
・予定外の議題を持ち出さない
・ポジションパワーを使わない
・積極的に「聴く」「話す」「書く」「行動する」
・時間厳守
・「いかに〜するか」など建設的な表現活用
・携帯電話はマナーモードに
・安全なシェルター
　→ここで話したことは口外しない

系統図

例、「なぜ」を5回繰り返すことで問題の要素を細かく分類して、解決しやすくする。

親和図

例、様々な意見を書いたポストイットを、同じもの同士でまとめていく。

ペイオフ・マトリクス

例、実現までの期間、スピードと効果の大きさを2つの軸で表し、解決策を整理して、優先順位をつけていく。

①-7　企業の会議をファシリテーション化するために必要なこと

以上の取り組みは、経営危機に陥ってゴーン氏という「外圧」があった日産だからできたことなのでしょうか？　確かにそれが大きなきっかけになったことは間違いありません。しかし、本書が示してきたファシリテーションの基本的な手法や手順を、本気で会社の会議やミーティングに当てはめれば、業種・業界を問わず、また課題の大きさや深さに関係なく、一定の成果が出ることの証でもあります。

問題は、大上段な経営計画や新規事業などの取組みに当たり〝話し合いのやり方〟という地味な場面に光を当てられるかどうか、つまりファシリテーション的な思考をもって日々の仕事を見つめられるか否かにかかっています。**仕事には「中身」とともに「やり方」があります。その多くの部分は、人と人とのコミュニケーションに依存しています。そこでコミュニケーションのあり方そのものを「経営課題」として設定し、本気でコミュニケーション改革に取り組むかどうか、という点が、「日産の会議」と「普通の会議」を分かつ大きな分岐点になる**のです。

組織のトップがこの問題に気づけば最短で改革に直結しますが、そうでない場合も、気づいた人からコミュニケーションをファシリテーション化していくことができます。

コミュニケーションのファシリテーション化が本気の改革につながる

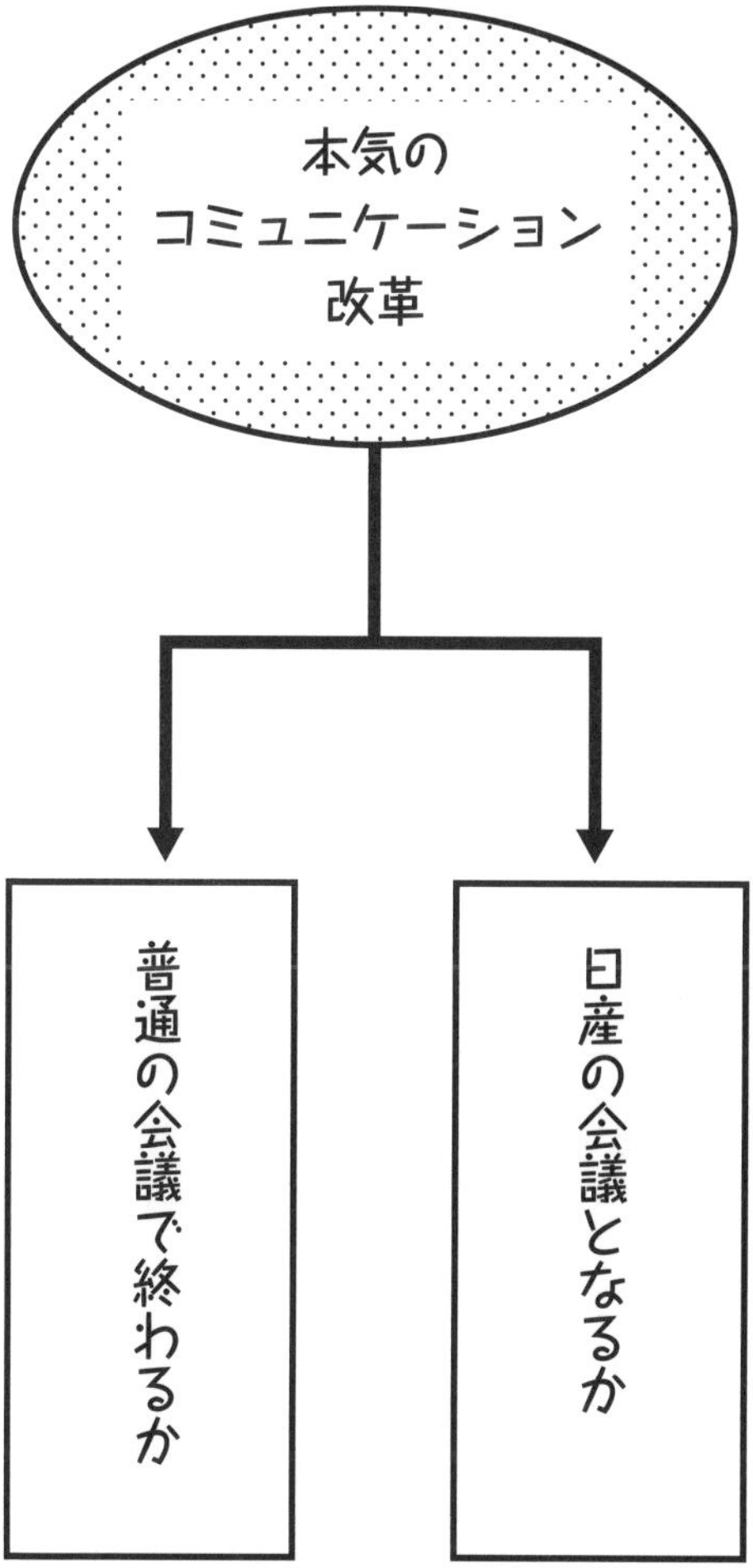

②-1　アクティブラーニングがヤバイ！　今度の学習指導要領改訂は本気だ！

２０１７年２月、次期「学習指導要領案」が示されました。今回の改訂は、日本社会が大きく変化すると思われる年＝東京オリンピック開催予定の２０２０年から約10年間に渡って、小・中・高等学校など日本の学校教育を規定するきわめて重要なものです。その中で目玉となったのが「主体的・対話的で深い学び」という言葉で表現された学習過程の改善＝アクティブラーニングの導入です。

アクティブラーニングは、ここ数年にわたって日本の教育界のキーワードになっています。従来型の教師→生徒への一方的な知識伝達型授業から、児童・生徒自らが学び合う形での能動的な授業形態の総称です。今回の学習指導要領は、「何を教えるか」という中身とともに、「どのように学ぶか」という点にまで言及した初めてのもので、学校教育現場におけるティーチング（教え）からラーニング（学び）への転換を強く示唆しています。

その背景には、多様化・複雑化しながらも、急速な勢いで変化し続ける現代社会の中で、いかに主体的に「生き抜く力」をもった子供を育てるか、という要請があります。

「つめこみ」と「ゆとり」の間を行き来してきた日本の教育ですが、社会の変化に対して自分の頭で考え、行動できる人間の育成が今ほど求められているときはありません。

アクティブラーニングとは何か

能動的であることが重要

↓

ポイント1

教員による一方向的な講義形式の教育とは異なり、児童・生徒の能動的な学習への参加を取り入れた教授・学習法の総称。

↓

ポイント2

児童・生徒が能動的に学習することによって、認知的、倫理的、社会的能力、教養、知識、経験を含めた汎用的能力の育成を図る。

↓

ポイント3

発見学習、問題解決学習、体験学習、調査学習等が含まれるが、教室内でのグループ・ディスカッション、ディベート、グループ・ワーク等も有効なアクティブ・ラーニングの方法。

※文部科学省、平成２４年８月２８日「新たな未来を築くための大学教育の質的転換に向けて（答申）用語集」を元に作成。

②-2 変わる中学入試（ＡＬ入試）と高大接続改革

♠もしあなたが第一次産業に仕事として携わるとしたら、「第６次産業化」にむけてどのような取り組みをしたいですか。生産物などを１つ例にあげ、取り組みたい内容を具体的に説明しなさい

♠あなたが会社で、ハスの葉の性質を応用した新製品を開発する場合、レインコート、カバン、本のどれにしますか

最近の私立中学校の入試ではこのような問題が出され、受験生が資料をもとに自分で考えて記述したり、グループや集団面接で答えを出したりします。受験科目といえば国語・算数・理科・社会ですが、最近では科目の枠にとらわれない問題も出題されます。

こうした動きは、今後想定される大学入試改革を見据えたものです。２０２０年度からの大学入試は、単に知識を問うだけでなく創造力や思考力、表現力を見る方向になっていきます。大学入試が変わることで、それ以下の学校教育カリキュラムも、このような形になる、つまりアクティブラーニングが求められるような問題になっていくのです。

答えのない時代、答えのない社会を生きていく子どもたちには、答えのない問題を考えていくスキルが求められます。まさにファシリテーションの出番です。

アクティブラーニング型の中学入試例

インドで撮影された、ドアがあいたままの満員電車の写真を見て、思ったことを400字以内で書く

10以上のテーマから1つを選び、校内の図書館やタブレット端末で情報を集めて文章や絵、図表を使ってまとめた後、口頭で発表する

4コマ漫画を見て、吹き出しに言葉を入れたり、自分の考えを書いたりする

「ひみつ」という言葉について、相手の考えや意見を引き出す問いかけ文を考える

※出典　朝日新聞 2017 年 1 月 30 日より

②-3 学校の授業がファシリテーションに！先生がファシリテーターになる日!!

アクティブラーニングは、従来のような先生↓生徒への一方的な知識の伝達、という形から、生徒自らが調べ、書き、話し合い、学び合う、そして教師はそれが効果的に行えるようサポートする、という形で授業を構築します。まさにこれからの授業はワークショップとなり、教師はファシリテーターになるのです。

欧米では早くから生徒参加型の授業が行われてきました。カリフォルニアのある中学では、先生からギリシャとローマの歴史についての一通りの講義を受けた後、生徒たちがリサーチワークを行い、クラス全体が2つに分かれて「ギリシャとローマのどちらがすぐれていたか」をディベートします。その日には、生徒全員がギリシャ人かローマ人の当時の服装で登校し、ディベートに臨みます。その楽しさは、眠さをこらえて先生の一方的な授業を聞く歴史の授業とは雲泥の差で、深い印象とイメージを生徒の心に残します。

日本の学校教育でも、これまで様々な形で体験型・参加型の授業を取り入れてきました。現在も行われている「総合的学習の時間」などはその例です。しかし今後は、教科を問わずさらに多様な、考え抜かれた手法をもってアクティブラーニングを展開することが求められます。まさに教師＝ファシリテーターの時代です。

実際、どのように学ぶのか

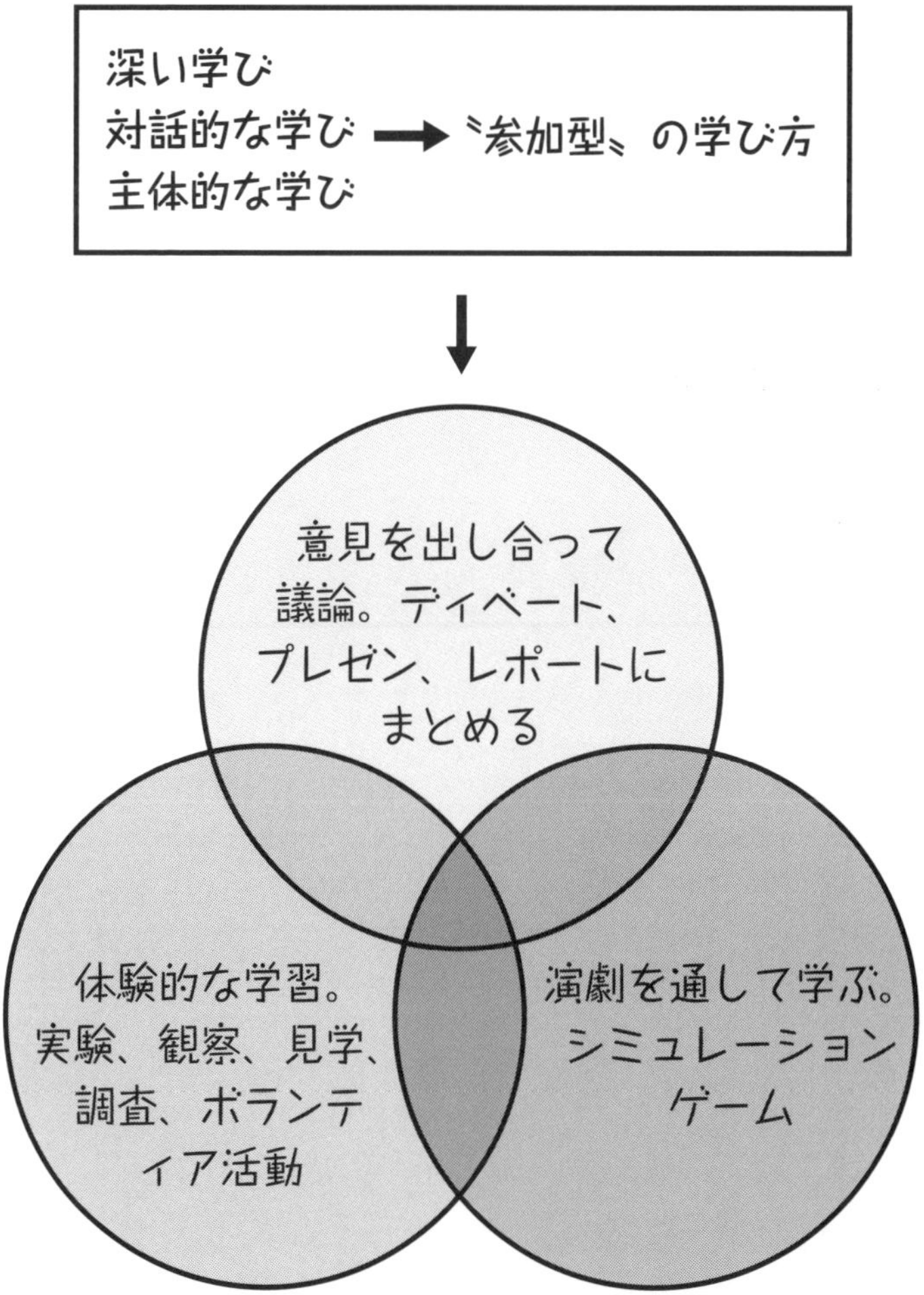
深い学び
対話的な学び
主体的な学び
〝参加型〟の学び方
意見を出し合って議論。ディベート、プレゼン、レポートにまとめる
体験的な学習。実験、観察、見学、調査、ボランティア活動
演劇を通して学ぶ。シミュレーションゲーム

②-4 「教えない授業」で本当の英語力を伸ばす

「生徒が参加できる授業にすること」「わかりやすく説明すること」「一方的に教えるだけにならないようにすること」「生徒が退屈しないようにすること」「進行はすべて英語で行うこと」「英文の内容を教えるのではなく、考えさせること」

一見すると、英語教師たちの研究授業での発言とも思われるこれらの言葉は、実は生徒たちが自分で授業をやるとしたらどうやりたいか、という〝理想の授業〟のイメージです。

「教えない授業」の提唱者である東京都立両国高校の山本崇雄先生は、ある年度末の英語の単元を、クラスの班に分け、生徒たちに授業をしてもらいました。その時に話し合った「理想の授業とは何か」というテーマに関して出てきた生徒の意見が、この内容でした。

そして、実際に生徒たちが行った授業は大成功。教科書の内容を寸劇にしたり、YES／NOテストにしたり、単語のお面を一人ひとりがかぶって全員で英文をつくるなど、山本先生の想定をはるかに越える素晴らしい授業を、生徒たちは行ったのです。

教師は教科の内容を「教えよう教えよう」とするのに対し、生徒は「どうやって学ぼうか」を必死に考えます。「教えない授業」によって、内容より大事な「学びの方法」を生徒たち自らが体で覚えていく、それを支える教師はファシリテーターに徹するのです。

学力を伸ばす新しい学び方の授業が注目される!【英語編】

●ジグソー法を使った英語の長文読解

①入試などの英語の長文を4分割して、教室の4か所の壁に貼る

↓

②4人1組のグループのメンバーそれぞれが、自分の担当部分の英文を読み取りに行く

↓

③グループに戻って、それぞれが読み取った情報を伝え合い、長文の全体像を構成・理解する

↓

④グループごとにその英文がどういう話なのかを発表する

※本文及び図の参考文献
山本崇雄著『なぜ「教えない授業」が学力を伸ばすのか』(日経ＢＰ社刊) より

②-5 道徳を「どう説く」？

今回の学習指導要領改訂では、道徳教育の強化についても触れられています。道徳教育といえばこれまで、政治的な議論の対象にされることが多かったのですが、今回はむしろ、いかに道徳を社会生活の身近な問題として実感できる形で授業展開できるかが鍵です。

ＮＨＫ教育テレビ（Ｅテレ）の学校放送番組、「ココロ部」は、生活や社会の様々な場面で起きる葛藤を取り上げて、問題として問いかけるものです。ある日のテーマは、「陸上部の〝最後のレース〟で、スタート直前に3年生のベテラン選手（A君）が足を捻挫しました。A君からは黙っていてほしいといわれたあなた（＝キャプテン・A君の親友）は、そのことを監督や他のメンバーにいうべきでしょうか。黙っているべきでしょうか」でした。言えばA君は試合に出られないがチームは勝てる（かもしれない）、しかしキャプテンとA君との友情は揺れる。また、もしいわなければ試合に負けて、キャプテンとしての責任を問われる（かもしれない）。こうした不確実な葛藤の中で、キャプテンとしてのあなたはどうすべきか、という問いかけです。

これを題材に様々な授業展開が考えられます。ファシリテーションの手法を用いながらどれだけダイナミックな構成ができ、現場で生徒を活性化できるかが問われます。

道徳教育をファシリテーションでどう変えるか【授業展開案】

①あなたがA君の捻挫のことを監督やチームメンバーに「言った場合」はどうなるか、「言わない場合」はどうなるかをそれぞれ思いつく限り挙げていく

↓

②このケースで、あなたが「大切にしたい」と思うことを挙げていき、みんなの意見を含めてグルーピングする（親和図法）

↓

③A君、あなた（キャプテン）、監督、チームメンバー、それぞれの立場に立って「考えるべきこと」「やれること」を考えつく限り挙げる

↓

④A君、あなた（キャプテン）、監督、チームメンバー、それぞれの役割を生徒たちに割り当てて、どんな立ち位置に立っているか、実際に立って動きながら考える

★【ポイント】机上の図ではなく、実際に立って動きながら位置関係（対立・服従・遠慮・主張・支配……）を示しつつ考えることで、この状況での立ち位置とあり方が見えてくる

②-6 演劇手法を使った〝なりきりインタビュー〟授業にしたアクティブラーニング

会場の真ん中に、両手を広げて何人かが輪になっています。どうやら、十字架にかけられている「キリスト」と、周りで一緒に罪を憎んで人を憎まず罰せられる「盗人」の真似をしているようです。キリスト役の人がいいます。

「私は、神の子、イエス・キリストです。私たちはこれから、神の国へ行くのです」

すると周りの盗人役が、

「本当に行けるのですか？　本当に救われるのですか？」

するとキリスト役が、

「信じる者は救われるのです。私は神の子です」と繰り返します。

これは、演劇的手法(ホットシーティング)といわれるアクティブラーニングの一つです。グループの中の誰か一人が教科書(この場合は「高校倫理」)に出てくる人やモノになりきって、他のメンバーがインタビューするやり方で、教科書の内容を立体的に体験しながら主体的な学びを導く手法です。これは来るべきアクティブラーニングの手法を研究する学校の先生たちの集まりでの一場面なのです。教科書の内容を主体的に学ぶとともに、即興的・ロールプレイの要素も加わった、立体的な学びにつながる手法として注目されています。

演劇的手法を用いて体験的に学ぶ

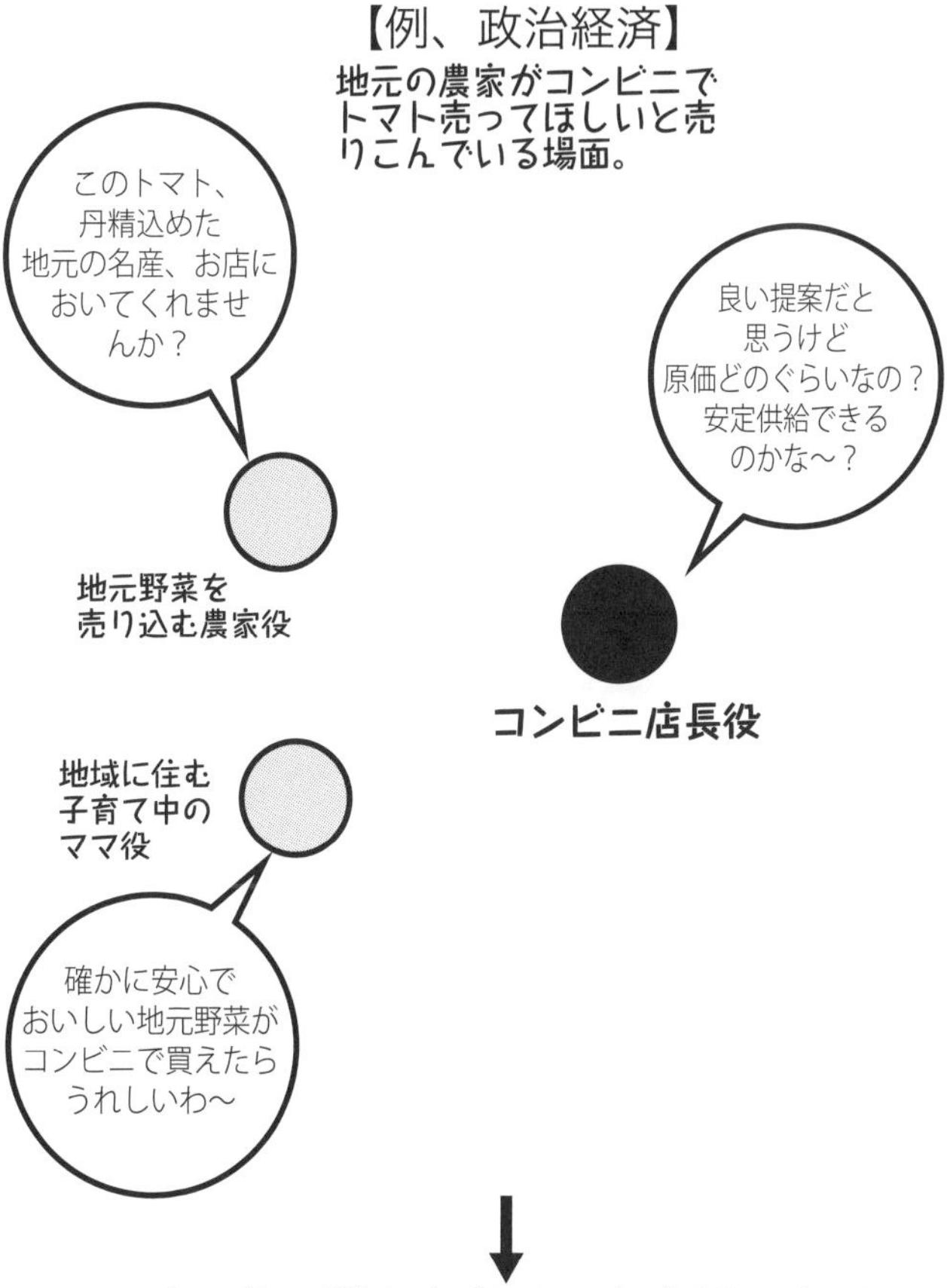
【例、政治経済】
地元の農家がコンビニでトマト売ってほしいと売りこんでいる場面。
このトマト、丹精込めた地元の名産、お店においてくれませんか？
地元野菜を売り込む農家役
良い提案だと思うけど原価どのぐらいなの？安定供給できるのかな～？
コンビニ店長役
地域に住む子育て中のママ役
確かに安心でおいしい地元野菜がコンビニで買えたらうれしいわ～

その他、様々な科目にも応用できる

②-7 ファシリテーションが大学教育を変える!?

大学の授業といえば、「マスプロ授業」という言葉があるほど、大教室で大人数の学生を相手に、マイク片手に教授が一方的に講義するイメージがあります。また少人数の演習や語学でも、いかに学生を積極的に授業に参加させるかが、大きな課題となっています。

ファシリテーションは大学の授業も変えつつあります。ある教員養成学科では、今後のアクティブラーニングを見据え、授業そのものにワークショップやファシリテーションを取り入れました（中野民夫『ファシリテーションで大学が変わる』参照）。

★ある幼稚園の親子会で〝どろんこ遊び〟をすることを保護者に伝えたところ、親たちからは「汚らしい」「寄生虫が心配」「ノラ猫が糞をしているのを見た」等の理由で反対されました。担任としては「創造力や手足の感覚を発達させる」「親子の触れ合いを高める」といった理由を伝えましたが、親たちを説得できません。

こうしたテーマ設定のもと、教師の卵である履修学生たちは、担任役・保護者役・園長役などになってロールプレイ（役割演技）を行います。

教育現場では実際に起こり得る身近な問題を、ファシリテーションの手法を用いて話し合うことで、単なる受け身の授業とは正反対の、問題への理解が深まるようになります。

身近な事例で話し合う

教育現場で身近に起こる事例を
ファシリテーション手法で話し合う

↓

教育現場で起こる身近な問題
◎イジメ
◎学校での事故
◎地震・火事・津波などの災害時の判断
◎学級崩壊
◎引きこもり etc.

↓

より深い理解、より具体的な
解決のヒントが得られる

②-8 ICTが変える「授業」……タブレットが拡げるアクティブラーニングの範囲

あるスマートフォンのテレビCMで、女優の広瀬すずさんが「私たちはスマホと大人になっていく多分初めての人類だ」と言っていました。1998年生まれの彼女はまさに、日本の情報テクノロジーの発達とともに育ち、物心ついた頃にはスマホを手にした世代です。今の小中学生にとっては、スマホは生まれた時からある普通のものになるでしょう。

アクティブラーニングを含む今回の教育改革は、情報テクノロジーの発達と完全にリンクしています。教育内容はデジタルデータ化され、「デジタル教科書」その他の教材として提供されます。たとえば日本地図の画像で、ある県をクリックすればその県の主要データがグラフでポップアップされ、音楽教科書の楽譜をなぞればその曲が流れる……。そんな教育ツールが開発・提供されています。

中でも、タブレットの活用は注目です。生徒一人に一台用意されたタブレット端末を手に、計算や漢字などの習熟学習だけでなく、テーマに対するアイデアを書き出すとそれがそのままプロジェクターを通じて教室のホワイトボードに投影されたり、宿題をタブレットの中に入れこんで自宅で家庭学習できるなど、多くの革新的な使い方で教育現場を変えようとしています。新たなテクノロジーツールは、教育を大きく変えていきます。

タブレットを活用するとどんなメリットがあるか

生徒一人ひとりにタブレット端末

↓

テーマに対するアイデアを書き出す
↓
瞬時にプロジェクターに投影される
↓
皆で共有できる
↓
自宅学習にも活用できる

↓

メリット

様々な場面で応用できる

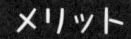

③-1 地方創生とまちづくりにもファシリテーションの手法が有効

ファシリテーションは「まちづくり」や「地域活性化」の分野でも必須スキルとなっています。世界一のスピードで高齢化の道を行く日本は、同時に急速な勢いで人口減少を伴っています。「限界集落」「消滅都市」といった言葉が叫ばれる中、政府としても「地方創生」に本格的に取り組むために、「まち・ひと・しごと創生本部」を創設するなど、まちづくりと地域活性化が新たな局面に立っています。

ヒトがいなくなる＝絶対的な人口減少という物理的な事実に対してどうするか。多くの立場や考え方がありますが、定住人口が増えないかわりに観光資源による「交流人口」の増加をめざしたり、企業誘致などが一般的です。また、東京から地方への「移住」促進も多くの機関で取り組まれ、移住者の数も増えています。

しかし、こうした施策に取り組むためには、そもそも自分の地域＝地元を知り、そこにどんなモノやコトがあるのかを探り出したり、また自分の住むまちに対して住民がどう思っているのかなど、行政・住民・民間を含めた数多くの〝話し合い〟の場が必要になります。そして住民たちが自分の住むまちを本当に「ふるさと」と感じて、一体となって活性化プランを進めていくことが不可欠です。ここにファシリテーションの出番があります。

地域の特性をもう一度見つめ直す動きが各地で起こる

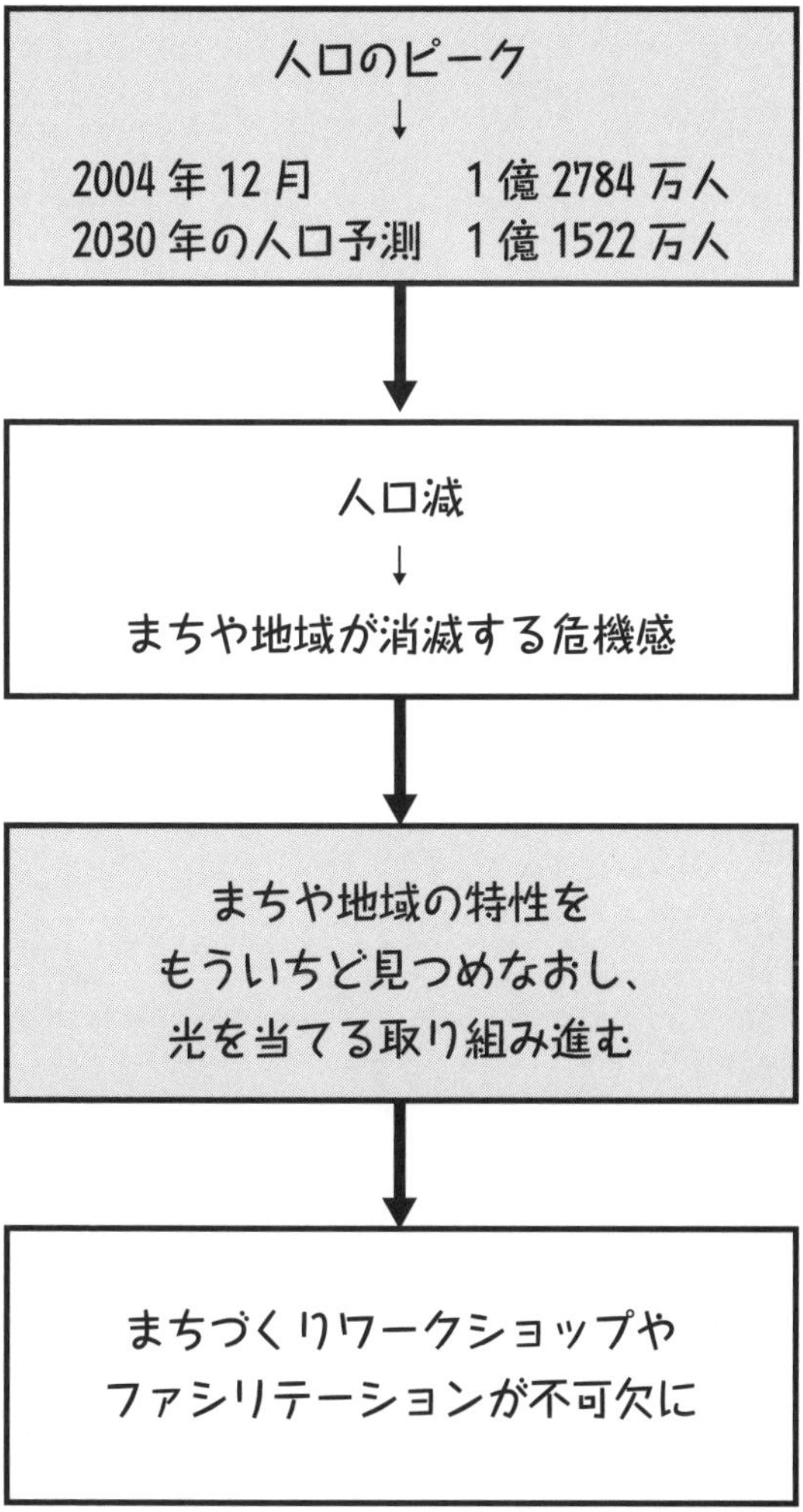
人口のピーク
↓
2004年12月　1億2784万人
2030年の人口予測　1億1522万人
人口減
↓
まちや地域が消滅する危機感
まちや地域の特性を
もういちど見つめなおし、
光を当てる取り組み進む
まちづくりワークショップや
ファシリテーションが不可欠に

③-2 地元学……「発見」から始まる地域づくり

今では多くの機関やコンサルタントが、様々な形で地方創生やまちづくりに関与していますが、こうした流れの源流のひとつとして、水俣からの「地元学」の提唱があります。

昭和30年以降、現在に至ってもまだ問題が残る水俣病。熊本県水俣市は〝水俣病のまち〟として、はからずも日本中にその名前が知られました。そうした中で、水俣の地域活性化に取り組んできたのが、水俣市の職員である吉本哲郎氏でした。

合言葉は「ないとは言わない」。よく、自分のまちや地域について聞かれると「うちのまちには何もない」ということが多いですが、それは自分たちが気づいていないだけのこと。たとえば地方には山あり、川あり、畑あり。山では木を切る人が、畑では農作物の栽培と収穫がある……。そんな当たり前のこと、当たり前の地域資源に光を当て「村丸ごと生活博物館」にしてしまおうというのが吉本氏の「地元学」の発想です。「ないものねだり」から「あるもの探し」への転換です。

こうした発想は、全国各地で行われている「地域資源の発掘」や「まちづくりワークショップ」に応用されています。絵地図を前に、自分たちの地域について知っていることを挙げていく、それを何人かで繰り返すことで、本当の地域理解＝地元理解が可能になります。

地元学…「発見」から始まる地域づくり

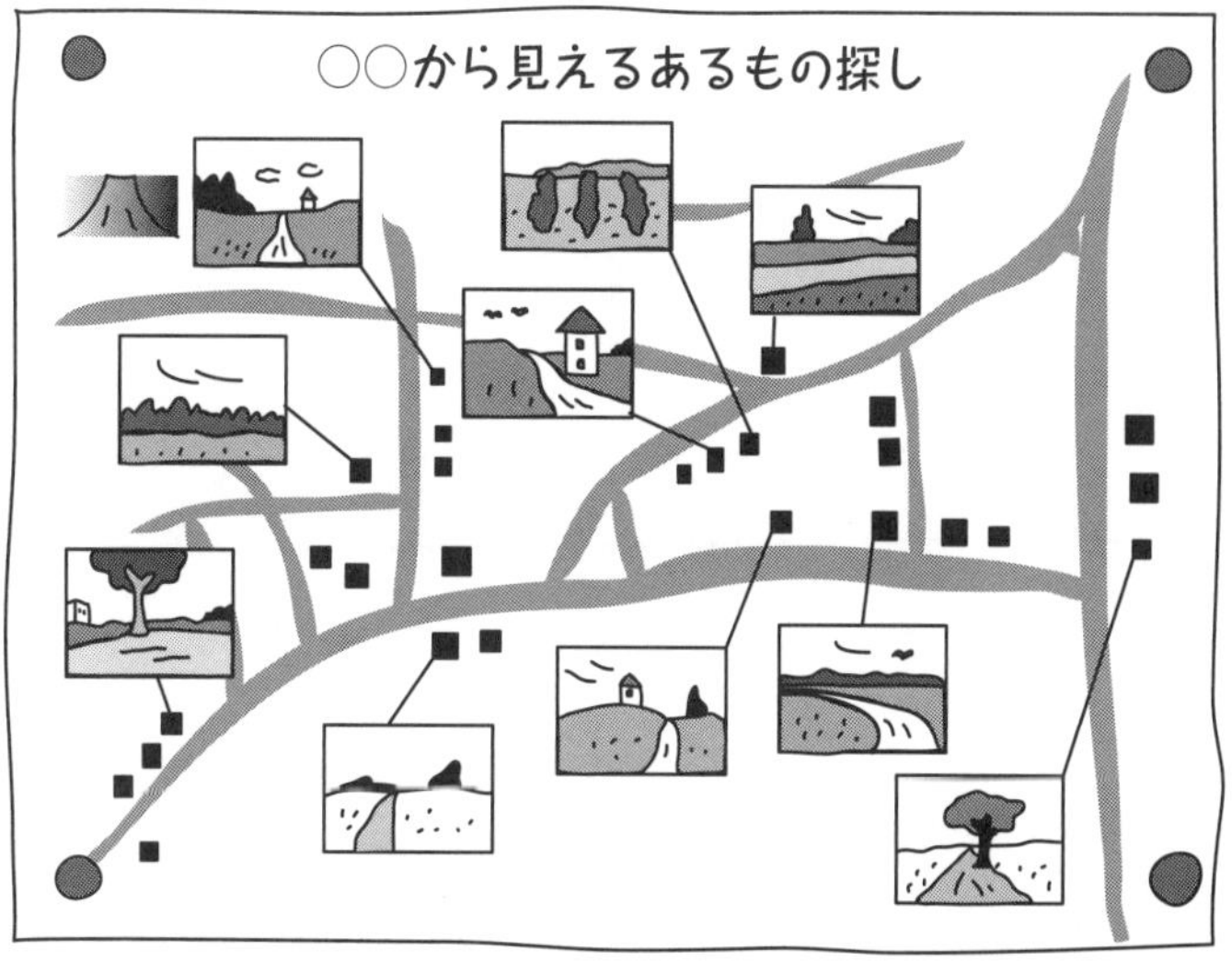

③-3 コミュニティデザイン

まちづくりワークショップでのファシリテーションを広めた人の中に、山崎亮氏がいます。元々は都市デザイナーとして公園や公共施設のデザイン設計をしていましたが、ハード以前にソフト面＝人と人のコミュニティの再構築こそが必要と思われる中で、コミュニティ・デザインという発想を得て、実践されています。

まちづくりワークショップでの問いかけは次の順序で行います。

①自分の住むまちの良い点と悪い点を出す
②良い点を伸ばし、悪い点を克服するような将来ビジョンを描く
③将来像に向けて、何に取り組んだらいいかを話し合う
④誰と取り組んだらいいかを考える

こうしたワークショップでのファシリテーターの役割は、単に形式的にワークショップを進めていくだけでは務まりません。住民たちの意見に対して「つまりこういうことですね」という形で明確にし、住民たちも「そう、それがいいたかったんだ」となるようにファシリテーションするのです。それには、ファシリテーター自身が全国の数多くの地域活性化事例について精通し、様々なケースや可能性について習熟していることが前提です。

自分のまちの問題を〝見える化する〟手順

ステップ1
自分の住むまちの良い点と悪い点を出す

↓

ステップ2
良い点を伸ばし、悪い点を克服する
ような将来ビジョンを描く

↓

ステップ3
将来像に向けて、
何に取り組んだらいいかを話し合う

↓

ステップ4
誰と取り組んだらいいかを考える

※参考文献　山崎亮著『コミュニティデザインの時代』中公新書より

③-4 住民たちでつくる「総合計画」（高知県佐川町）

行政がつくる「総合計画」といえば、都道府県や区市町村の役所の企画担当や、場合によっては外部コンサルタントによってきれいにまとめられ、住民たちとは別の次元のところに〝飾られる〟場合が多くあります。この総合計画やまちのビジョンといったものを、住民総出でつくることに取り組んだのが高知県佐川町です。佐川町では子供からお年寄りまで、多くの住民が「総合計画」に携わることで〝自分たちがつくった〟ビジョンやプランになり、まちの人々一体感と取り組みへの参加意識が格段に高まりました。

入念な設計によるワークショップの積み重ねと、住民たちへのヒアリングを経て、通常の行政施策と並んで「地域を活かす活動」として25の取組みが提唱され、２０１６年から２０２５年までの10年間のビジョンとして、行政と地域住民が一体となって計画を策定しました。

ファシリテーターは、ワークショップにあたって入念な準備とともに、たとえば「書きたくなるワークシート」の設計や「気持ちの良い空間」「お菓子選びを真剣に行う」「個人の時間とチームの時間の使い分けを明確に」など、多くのポイントを学んでいます。

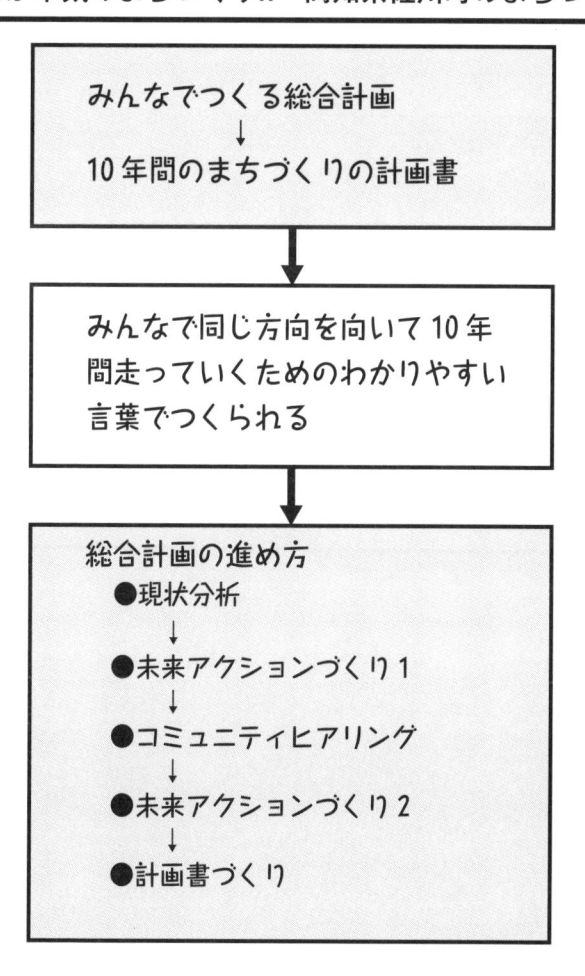

これが本気のまちづくり!!　高知県佐川町のまちづくり

みんなでつくる総合計画
↓
10年間のまちづくりの計画書

↓

みんなで同じ方向を向いて10年間走っていくためのわかりやすい言葉でつくられる

↓

総合計画の進め方

●現状分析
↓
●未来アクションづくり1
↓
●コミュニティヒアリング
↓
●未来アクションづくり2
↓
●計画書づくり

※出典　佐川町ホームページ　第5次 佐川町総合計画
チームさかわ まじめに、おもしろく。20106年4月1日発行より

③-5 空き物件の活性化＝リノベーションでまちを蘇らせる

少子高齢化と人口減少は、地方都市に数多くの空き家を生んでいます。この状況は東京近郊も同じで、「空家」「空きスペース」の問題は、大きな社会問題となりつつあります。商店街の「空店舗問題」はその先駆けでしたが、廃校跡地や公園など経済成長時代の社会資本をいかに継続活用していくか、多くの人の知恵が必要です。

都市再生プロデューサーの清水義次氏は、地方都市の繁華街にある空き物件を中心に、江戸時代にあった「家守」制度を現代の視点から再構成し、空き物件の活性化＝リノベーションを提唱、志を共にする多くの若者たちとリノベーションスクールを開催しています。参加者は、街の中にある遊休物件＝リノベーション可能物件をリストアップし、フィールドワークで観察しながらグループごとに活用の方法を考えます。ゲストハウスや居酒屋・カフェなど、従前とは異なる使い方や、投資・回収計画や収支計画とともにオーナーに提案、採用されればリノベーション工事が行われます。

この手法は、「今あるものを活かしつつ新しい使い方でまちを変えていく」起爆剤として注目されています。フィールドワークとファシリテーションを融合したものとして、ワークショップについても新たな分野を切り開きました。

ファシリテーターの「意見を引き出す」仕事

空き家、空きスペース
問題の解決策

↓

今あるものを活かしつつ
新しい使い方で
まちを変えていく

↓

①今あるものを生かし、新しい使い方でまちを変える
→ 単なる建築の改装ではない
②民間主導の公民連携が、住民が主体的に参加するという意味合いにおいて大事になる
③遊休不動産（道路・畑・林・公園・・余ってる空間資源）と遊休人的資源（能力の高いヒマ人、短時間でもなにかやりたい忙しい主婦）
・経済合理性をベースとした地域内経済循環をつくることが目的
・空間を活用する、使う→テナントに貸して家賃を取るということだけが目的ではない
④補助金にたよらない
⑤都市、地域経営課題を同時に解決する

③-6 まちづくりワークショップでのファシリテーターの役割とは

これまで、まちづくりに関わるファシリテーションやファシリテーターの動きを見てきました。ここで重要なのは、「よそ者」としてのファシリテーターが、まち＝地元といかに対峙し、有効に作用して、まちや地域本来がもっていた力を引き出せるか、という点です。まさにファシリテーターの力量が試されるケースは多くあります。

多くの場合、ファシリテーターはそのまちとは縁のない〝よそ者〟です。しかしよそ者だからこそもてる視点や、他の地域での事例をもとに、ファシリテーション参加者の思いを可視化し、視野を広げて位置づけることができます。

他方で重要なのは、地域活性化やまちづくりの問題は、「成功モデルのあてはめ」が通用しないということです。一見他のまちのケースと同じに見えても、地域ごとにひとつずつ、自分の地域の課題としてとらえ、積み重ね、解決していくというプロセスを丁寧に行うことが、まちづくりファシリテーションの要諦です。結果的にどこか他のケースと全く同じになったとしても、一つひとつ新しいものとして積み上げなければ地域は活性化しません。なぜなら、まちづくりや地域活性化は、その地＝地元に住む人々が主役となって取り組まなければならないからです。ファシリテーターの本気度が試されるのもこの点です。

よそ者の視点が大切なワケ

・よそ者だからこそ他の事例も知っている
・他と比較検討できる。

↓

つまり、外部の視点を持っている
ということが最大の強みになる

Point

外部の視点を活かして、地元民の思いを引き出し、可視化することで、地元民が主体的に取り組めるプランなり、展望なりを描けるようになる

④-1　地域包括ケアの時代と医療・福祉

世界一のスピードで高齢社会を進んでいく日本では、２０００年に介護保険制度が導入されたことで、旧来の「措置による福祉」から「契約によるサービス提供」へと大きく変化しました。その結果、介護サービスを希望する場合は自ら「申請」を行って「要介護認定」を受け、ケアマネジャーのサポートによって介護サービス（在宅介護や施設入所など）の提供事業者と直接契約を行う、いわば普通のサービスと同じように、介護サービスという商品を「売り買い」する形になったのです。

介護保険には、急速な高齢化に伴うサービス負担に国家財政が耐え切れず、利用者にも相応の負担をしてもらうという背景がありました。しかし、団塊の世代が大量に後期高齢者となる２０２５年以降を見据えると、従来の介護保険制度だけでは十分な介護サービスが提供されないことがわかってきました。

そこで現在「地域包括ケアシステム」の名の下で、市町村単位で提供できるサービスを地域の中で実現していくしくみが検討されています。それは住まいを中心に、医療や福祉、そして介護予防といった多様なサービスを組み合わせて、最期まで自宅で過ごせるケアの形を「地域」の中で構築していこう、というものです。

地域包括ケアシステムの全体像

●団塊の世代が75歳以上となる2025年を目途に、重度な要介護状態となっても住み慣れた地域で自分らしい暮らしを人生の最後まで続けることができるよう、住まい・医療・介護・予防・生活支援が一体的に提供される地域包括ケアシステムの構築を実現していきます。
●今後、認知症高齢者の増加が見込まれることから、認知症高齢者の地域での生活を支えるためにも、地域包括ケアシステムの構築が重要です。
●人口が横ばいで75歳以上人口が急増する大都市部、75歳以上人口の増加は緩やかだが人口は減少する町村部等、高齢化の進展状況には大きな地域差が生じています。地域包括ケアシステムは、保険者である市町村や都道府県が、地域の自主性や主体性に基づき、地域の特性に応じて作り上げていくことが必要です。

※厚労省ホームページより

【地域包括ケアシステムの姿】

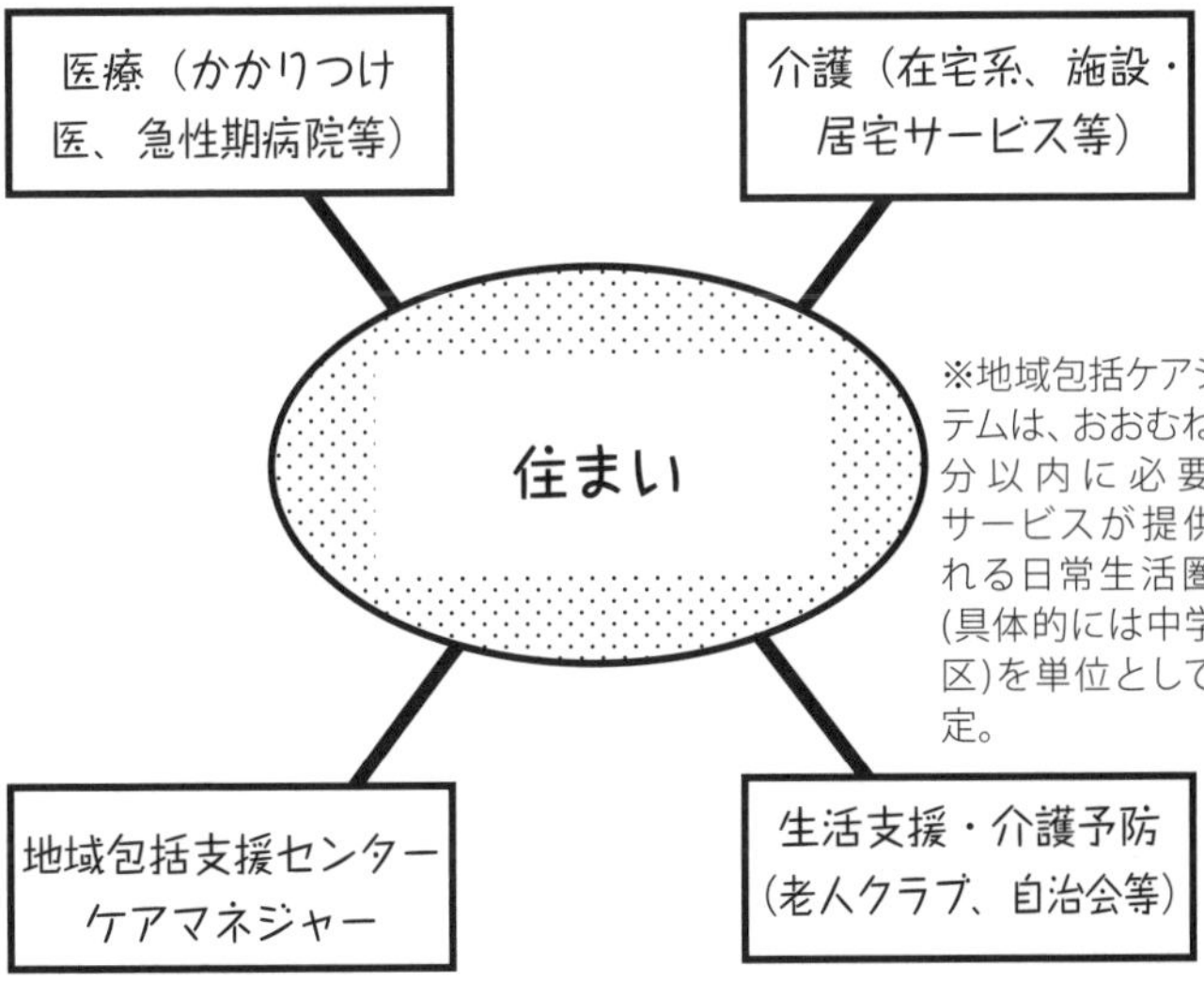

※地域包括ケアシステムは、おおむね30分以内に必要なサービスが提供される日常生活圏域(具体的には中学校区)を単位として想定。

④-2 世話焼きさんが支える小さな地域福祉

「地域包括ケアシステム」が叫ばれるずっと以前から、地域の中での見守りの形を追求してきたのが木原孝久氏です。木原氏は、小中学校区などの「小地域」を単位に地域住民を集めたワークショップを行い、高齢者などの要援護者の家を住宅地図上で色付けをして、その家に何らかの関わりをもつ人の家から線を引いていくことで「支え合いの地域マップ」づくりの活動をしています。高齢者と地元の人の関わり方は様々で、お茶飲み友達、おすそわけ、時々食事をつくってあげるといったものから、買物に行くと挨拶をする八百屋の店員、草取りを手伝っている人など、いろいろなレベルがあります。民生委員からみると一見孤立しているかにみえる要援護者が、実は様々な人から地域の中で「見守られている」ことがわかります。いわばマップの上に支え合いが「可視化」されることで、地域の中での支援状態や、逆に本当に孤立している人が誰かが浮き彫りになるのです。

ファシリテーションの大きな機能のひとつに「**可視化**」があります。地域の中での支え合いの実態を付箋に書いて貼っていくことで、その地域のケアの状況が可視化され共有されます。小地域の支え合いマップは、まさに地域福祉という場面でのファシリテーションの応用ケースだといえるでしょう。

世話焼きさんがささえる小地域福祉

〝あの人最近見ないけどどうしたかね～〟
マップを前にご近所情報の共有、支え合いマップワークショップの世界

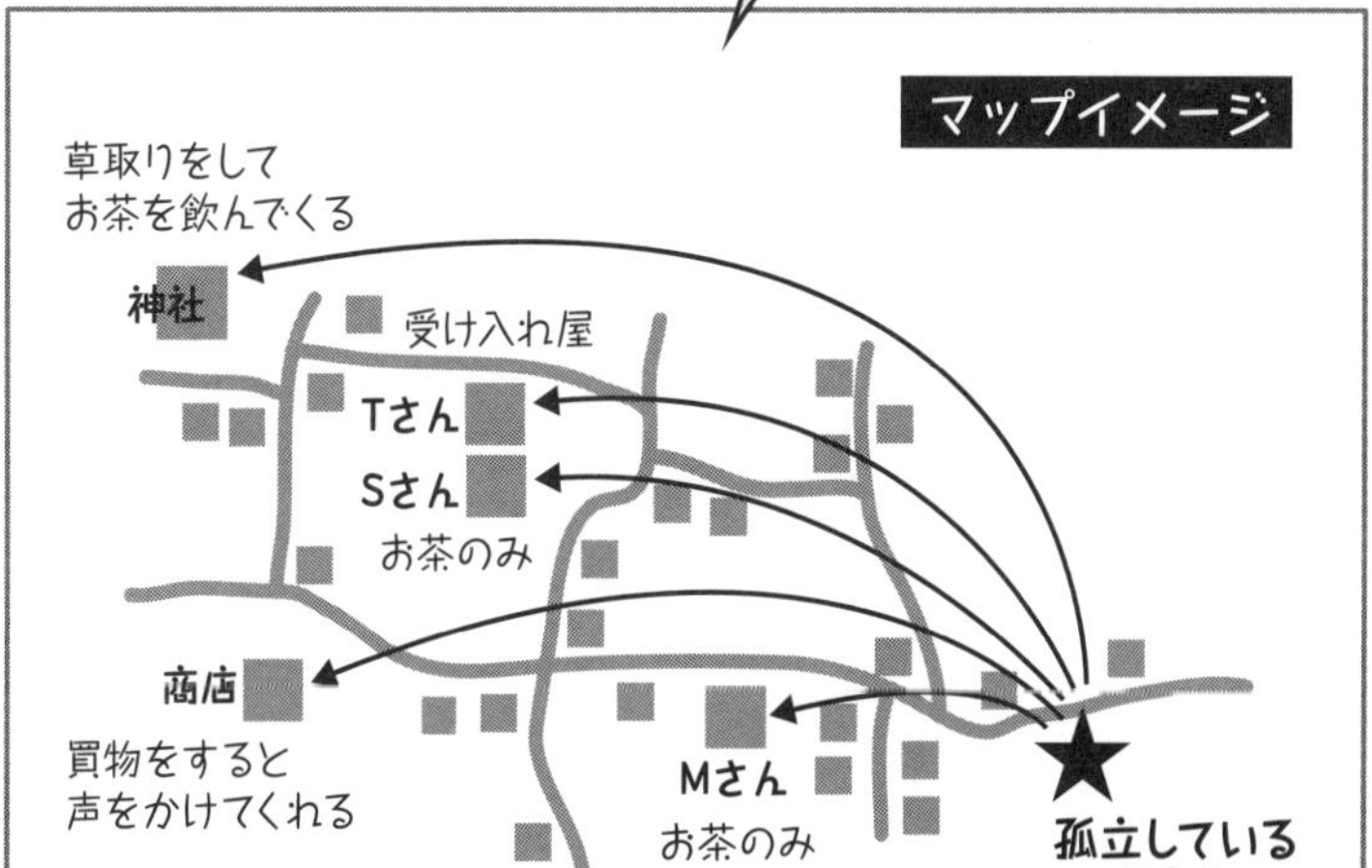

一見孤立しているように見えても、実は様々な形ですこしずつでもかかわりを持っている人が地域の中にいる。それを可視化する。

④-3　要介護から〝卒業〟するお年寄りを生んだ埼玉県和光市の奇跡

埼玉県南部にある典型的なベッドタウンである和光市は、「地域包括ケア」の世界では極めて先進的な取り組みを行っていることで知られています。その成果は、要介護状態になって介護保険のサービスを受けていたお年寄りが、症状が回復して介護保険から〝卒業〟する状況さえ生んでいます。

注目すべきは、多くの専門スタッフが一堂に会して行われる「地域ケア会議」と呼ばれるカンファレンスです。和光市の保健福祉部、ケアマネジャー等の所属する地域包括支援センタースタッフ、医師、管理栄養士、歯科衛生士、薬剤師、理学療法士、作業療法士、その他関連する専門スタッフ総勢30人が、要介護者・要援護者一人について20分という限られた時間内で、端的に、的を射たカンファレンスを行います。

重要なのは、様々な専門分野もつ医療・福祉関係者たちが、専門を踏まえつつも目の前の「一人のお年寄り」のためにはどうすれば最もよいのか、部門を超えて検討し合う場にあります。そのためには、ケースごとのアセスメントシート等、様々なフォーマットに加えて、あいまいな質問や答えを避け、端的に、何が問題なのか、何が解決策なのかを導く、ファシリテーターとしての司会者の力量が大きく寄与しています。

地域包括ケア会議（コミュニティ・ケア会議）

④-4 チーム医療とカンファレンスに必須なファシリテーション思考と発想

「病気を診ずして病人を診よ」――。これは、東京慈恵会医科大学の創始者である高木兼寛氏の言葉です。限りなく細分化され専門化が進む医療の世界で、本当に大切なことは病気ではなく病人という「一人の人間」であること、そのためにそれぞれの専門家がいかに連携して患者を診ていくかは、古くから医療界の大きなテーマです。

左ページの図は、聖路加国際病院のブレストセンター（乳がんを中心とした総合診療体制）の構成です。産婦人科、乳腺科、放射線科といった通常の診療科から、医療連携室、ソーシャルワーカー、栄養士、さらには患者の子供をケアするチャイルドサポートや、患者の精神的なケアを受けもつチャプレン（病院専任牧師）まで、乳がんの患者に対して考えられるすべての機能を集約し、総合的な連携をもって「一人の患者」を支援していく機関として構成されています。

ファシリテーション思考の延長には、様々な専門分野がもっている個別の利害状況を乗り越えて、一つの目的のために連携していく、という発想があります。前記和光市の場合も同様ですが、多職種が連携して一人の患者、一人のお年寄りのことをケアしていく体制や手法が求められます。ファシリテーションは、そのための有益な方法を提供してくれます。

チームで一人の患者を診ていくためには専門家の連携が欠かせない

（例）聖路加国際病院のブレストセンターの構成

↓

連携

乳腺外科
放射線科
放射線腫瘍科
病理診断科
薬剤師
臨床試験コーディネーター
医療連携室
ソーシャルワーカー
チャイルド・サポート
患者サポートプログラム
腫瘍内科
精神腫瘍科
形成外科
産婦人科
看護師
リエゾンナース
栄養士
チャプレン
提携クリニック

↓

たった一人の患者を救う

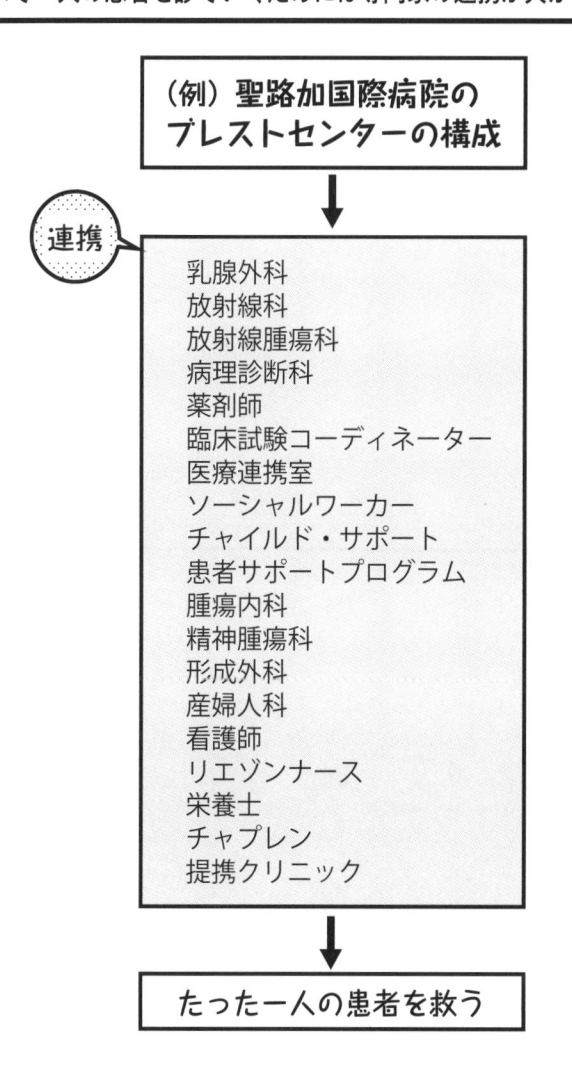

④-5 べてるの世界……〝当事者研究〟の持つファシリテーションの力

ファシリテーションの発想と実践は、精神障害者ケアの世界にまで広がっています。北海道の浦河という町で、統合失調症などの精神疾患を解消しようと「当事者研究」という手法を編み出した「べてるの家」という団体では、精神障害を抱える当事者たちが、自分がどういう時に、幻聴などの症状を引き起こすのか、それ自体を仲間とともに「研究」することで、病気と自分を客観視し、冷静に病気と向き合うことを通じて症状の緩和をめざしています。

グループワークの形で研究対象者である「患者」を中心に、他の患者がホワイトボードの前に集まり、この手法の発案者である向谷地《むかいやち》生良《いくよし》氏がファシリテーターとなって「どういうときにパニックが起きるのか」「どんな失敗パターンがあるのか」など、当事者の症状をみんなで「研究」します。当事者も、自分自身の症状を第三者の視点で「研究」します。病気や症状という自分の弱みを隠すのではなく「情報公開」され、いやな症状は見つめるのではなく「眺める」、たとえ幻聴があっても「幻聴さん」と呼んで友達になる。このような徹底した自分自身の対象化＝〝究極のセルフ・ファシリテーション〟の結果、症状が改善されたり、コントロールができるようになっていきます。

べてるの家で行っている当事者研究

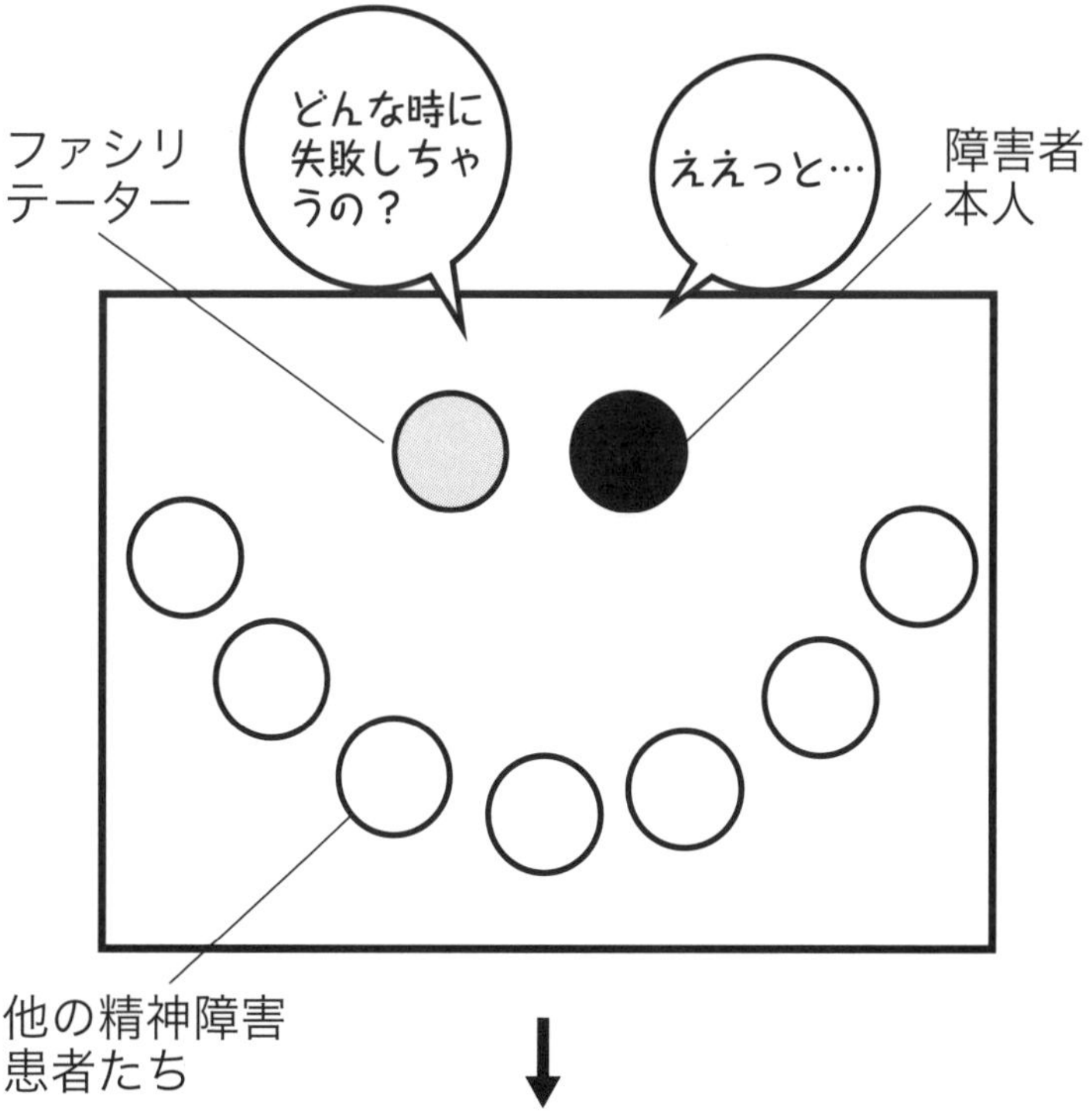

↓

- 自分の症状を公開して「研究」の対象にすることで、症状を客観視できる。
- かつ、自分も研究者の一員として自分の病気をみることで症状が軽くなったりコントロールできる方法をみんなと一緒に見出していく。

④-6 医療・福祉分野のファシリテーションのまとめ

医療・福祉分野には、とにかく様々な職種の人が関わります。医学の進化は常に専門化と細分化をもたらし、介護・福祉の分野は社会政策上の課題としても極めて複雑な制度をもっています。

重要なことは、細分化され専門化されたこの分野においてファシリテーションが果たすべき役割として、いかに専門性を踏まえつつ、一つの課題や一人の要援護者・患者に向けて連携していけるかにあります。これはいうは易く、実際にはきわめて多くの困難が伴う仕事です。

近年、医師や看護師など医療現場でのファシリテーションが注目されています。医師が患者とのコミュニケーション力を高める取り組みも盛んです。それだけ、専門に埋没してしまうと患者が見えなくなってくることを示しています。

こうした分野では､可視化がポイントです。患者なり要援護者を取り巻く状況を可視化し、専門を超えて共有すること、各専門家の視点から「そうだと思い込んでいること」を、様々な観点や価値観から見つめなおし、当事者にとって最善の策は何かを浮き彫りにしていく……。ファシリテーションの出番がここにあります。

なぜファシリテーションが必要か

なぜ医療・福祉現場でファシリテーションが注目される

↓

専門家の細分化が進んでいる
↓
各専門分野からの視点でしか患者を見なくなる
↓
専門家の思い込みがリスクになる!!

↓

思い込みを外して、様々な観点から見つめなおすことで、最善の支援策を探る

パート6
人と組織を動かすファシリテーションのコツ

人や組織を動かすとはどういうことか?
カーネギーは何をいいたかったのか

「自己啓発書の原点」ともいえるD・カーネギーの『人を動かす』(昭和64年1月20日第2版・創元社刊)。1936年の発刊以来、時空を超えて今でもビジネス書のベストセラーになっています。この本の中で彼がいいたかったことは何なのでしょうか。

同書には数多くの「事例」=事実が書かれていますが、その根源には、人を人として認めること、その上で相手が自らの意思で考え、動き出すように導く、プロデュースしていくことが、「人を動かす」上で最も重要なことであるという考え方があります。

〈人を動かす秘訣は、この世にただ一つしかない。この事実に気づいている人は、はなはだ少ないように思われる。しかし、人を動かす秘訣は、間違いなく一つしかないのである。すなわち、自ら動きたくなる気持ちを起こさせること——これが。秘訣だ〉24頁

〈人を動かすには、相手の欲しているものを与えるのが、唯一の方法である〉24頁

〈人から押し付けられた意見よりも、自分で思いついた意見のほうを、我々は、はるかに大切にするものである。…中略…結論は相手に出させる方が、よほど利口だ〉195頁

パート6では、ファシリテーションを用いていかに人や組織を変えていくか、という本書のテーマについて、明らかにしていきます。

人を動かすコツ

人を動かす3原則
①盗人にも5分の理を認める
②重要感を持たせる
③人の立場に身を置く

人に好かれる6原則
①誠実な関心を寄せる
②笑顔を忘れない
③名前を覚える
④聞き手にまわる
⑤関心のありかを見抜く
⑥心からほめる

人を変える9原則
①まずほめる
②遠まわしに注意を与える
③自分のあやまちを話す
④命令をしない
⑤顔をつぶさない
⑥わずかなことでもほめる
⑦期待をかける
⑧激励する
⑨喜んで協力させる

人を説得する12原則
①議論をさける
②誤りを指摘しない
③誤りを認める
④おだやかに話す
⑤「イエス」と答えられる問題を選ぶ
⑥しゃべらせる
⑦思いつかせる
⑧人の身になる
⑨同情をもつ
⑩美しい心情によびかける
⑪演出を考える
⑫対抗意識を刺激する

動く・変わるとは何か

「変える」ことを理解するための端的なトレーニング方法があります。それは、会議やミーティングが終わった時、始まる前に比べて何が変わったのか、何が動いたのかを振り返る習慣をつけることです。さらに進むと、会議の前に「終わった時はどんな感じになっているのかな」ということをあらかじめ予測し、終わった時にその予測と比べる、ということもできます。これは、ややもすると「関係者がただ話しただけ」「定例の会議で連絡や報告事項を伝えただけ」になりがちな会議のあり方を見なおす第一歩です。

さらに、会議を通じて「何を動かそう」「どう変えよう」という意思と計画をあらかじめたてることが必要です。それには、最低でも今日の会議でこれだけは確認をとろう、これだけは決めてもらおう、という着地とともに、確認や決裁をもらうために必要な資料やデータの整備、そしてそれを問うあなた自身の決意が必要です。

ここで必要となるのは「予測＝予知能力」です。テーマの重さ、所与のデータ、メンバーの経験値や価値観、会議のタイミングや場所、人数、雰囲気、その他メンバーを取り巻く力学等、あらゆる「想定可能なこと」をもとに事前に予測し、終了後に反省する。その繰り返しによって「動く」とはどういうことかが実感できるのです。

決める会議にするには決意が必要

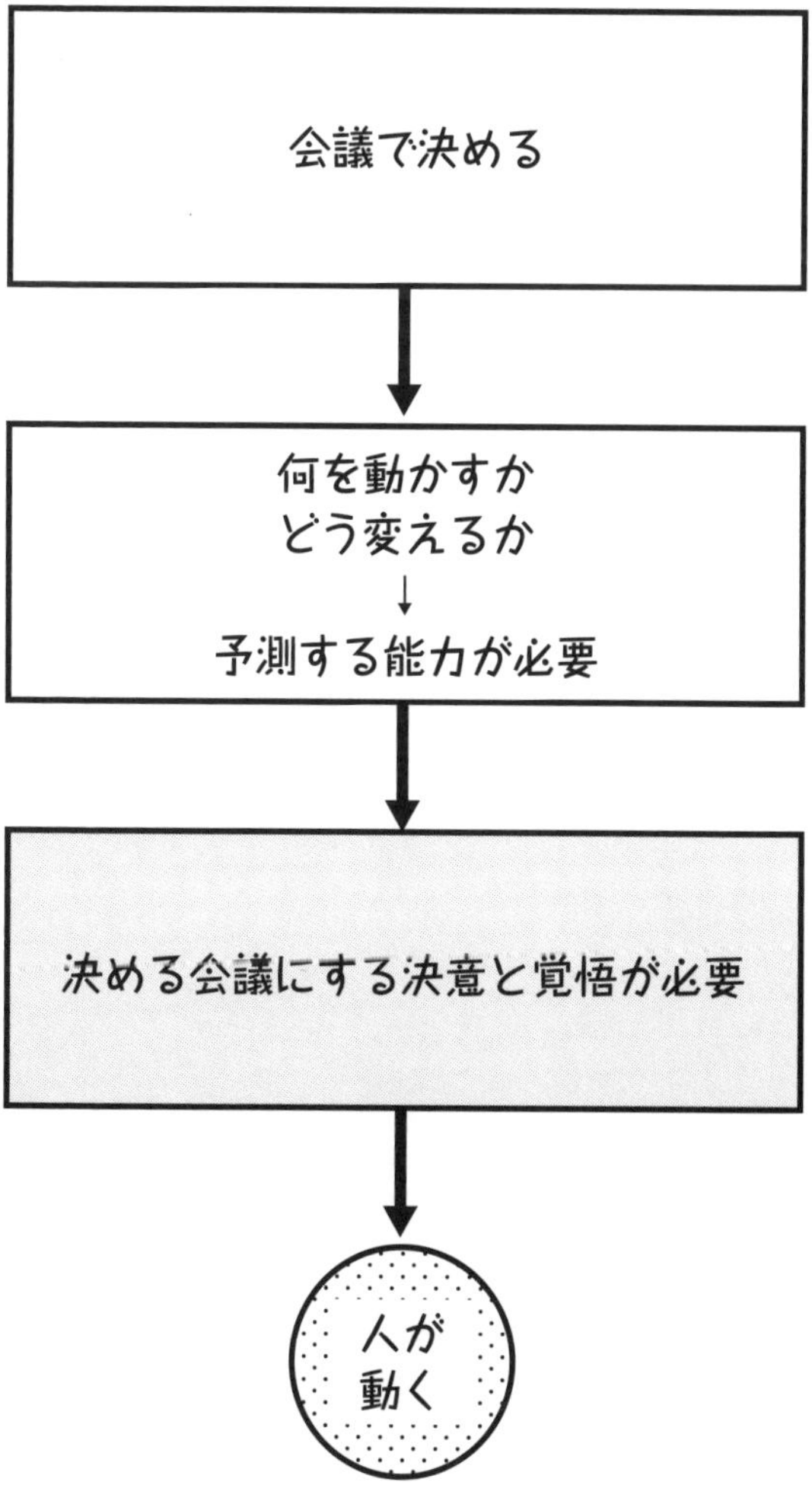

人と組織を動かすコツ②

先読みと未来志向

「動く」とか「変わる」というのは、何かに向けて変わる、どこかに向かって動く、ということを前提にしています。この先何があって、状況はどう変わっていくのか、その先にどんな未来があるのか、ということを思い描いてメンバーが共有することが、人と組織を動かす原動力です。

人や組織には「変わりたい」面と「変わりたくない」面が同居しています。毎日同じ仕事をしていれば変化を望み、逆にせっかく慣れた仕事の仕方は変えたくない、この矛盾する状況をいかにコントロールして良い方向への「変化のエネルギー」を引き出していけるかどうかが、人にも組織にも問われています。

ファシリテーションを通じて行うのは、現状への課題認識や思いとともに「この先どうなるか」「どうあってほしいか」という未来軸のアイデアと認識合わせです。そのプロセスに体験参加することで、思いの出し方や他の参加者との共有も深まります。そして、「そういうビジョンであるなら自分は何をする、だからこう動く」という形で、自分のこれからの行動を心の底から「やろう」という気になるのです。

先読みと未来予測は、ファシリテーションの成果であり、変化の原動力です。

未来が決まれば人は動く

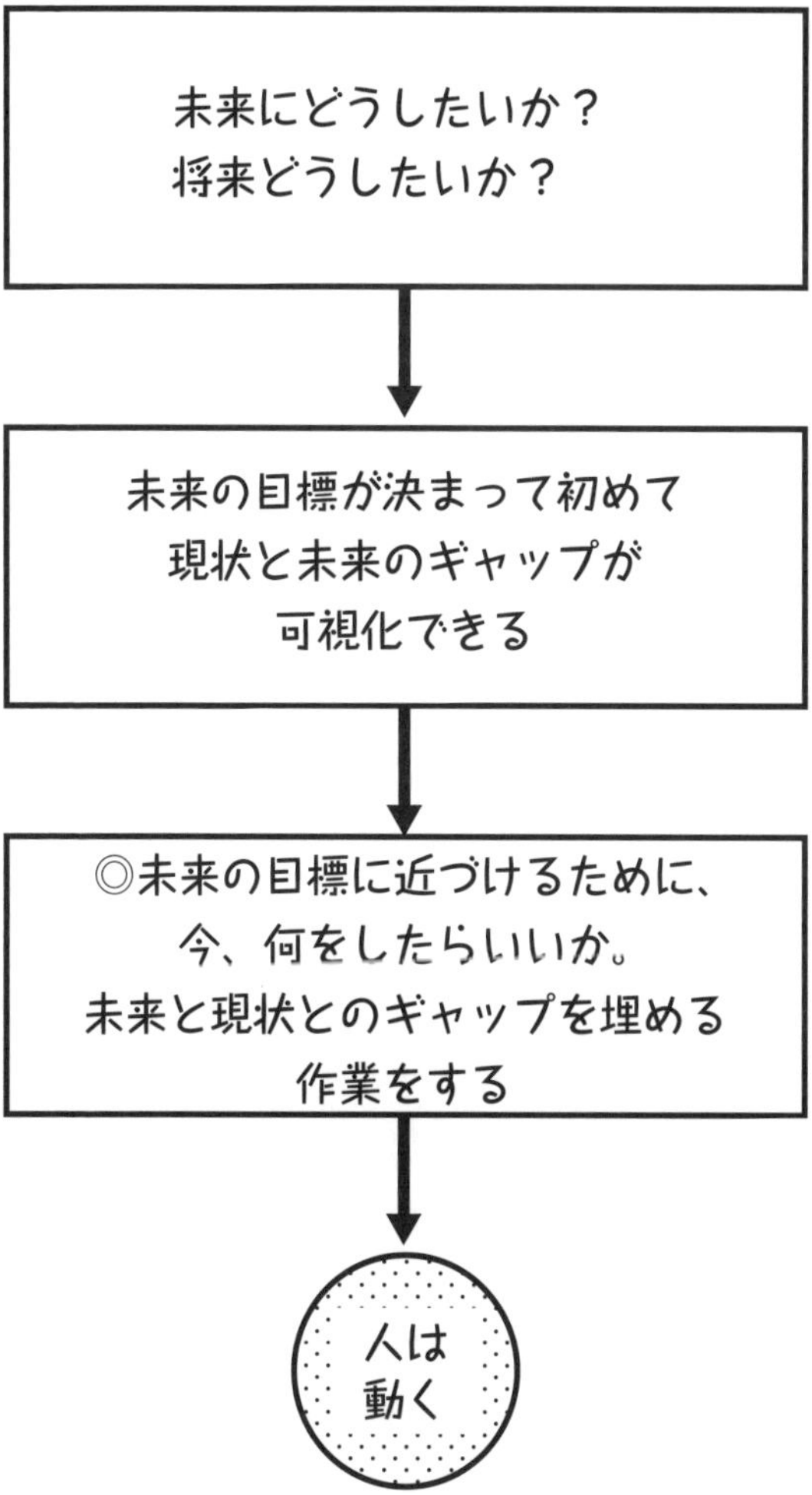

人と組織を動かすコツ③

参加型・支援型リーダーシップ

ファシリテーションはリーダーシップのイメージを大きく変えます。それは、地位や経験に関係なく、テーマや課題に対して誰もが同じ立ち位置から意見をいい、それを参加者全員が「聴き合う」ことができるという、ワークショップの本質にもとづいています。

あるショッピングセンターでは、スタッフ全員が年に1回、担当職務に関係なく、各自が一個人の「お客様」として自分の店舗をどう思うか、ワークショップをやります。経理担当も、営業担当も、テナントの販売員も、清掃係も、駐車場の整理員も、支配人も運営会社の社長も、みんなが同じ目線＝お客様の目線に立って忌憚のない意見をいう。それによって「今何が課題なのか」「どういう方向にもっていきたいか」という、最も重要なテーマについて全員が同じ意識とベクトルをもって進んでいくことができ、大きな成果を上げています。その時支配人は、みんなの意見がスムースに出るよう作用します。他部署の件でいいにくい問題についても、参加者から上手に引き出してポストイットに表現します。

ファシリテーション時代のリーダーシップとはこれなのです。メンバーがいかに参加しやすい状況や雰囲気をつくれるか、その上でいかに「ゆるやかながらも確実な方向性」を見出して共有し、実行に移せるか。その時、人と組織が確実に動くのです。

みんなの意見を引き出して合意形成ができるリーダーが求められる

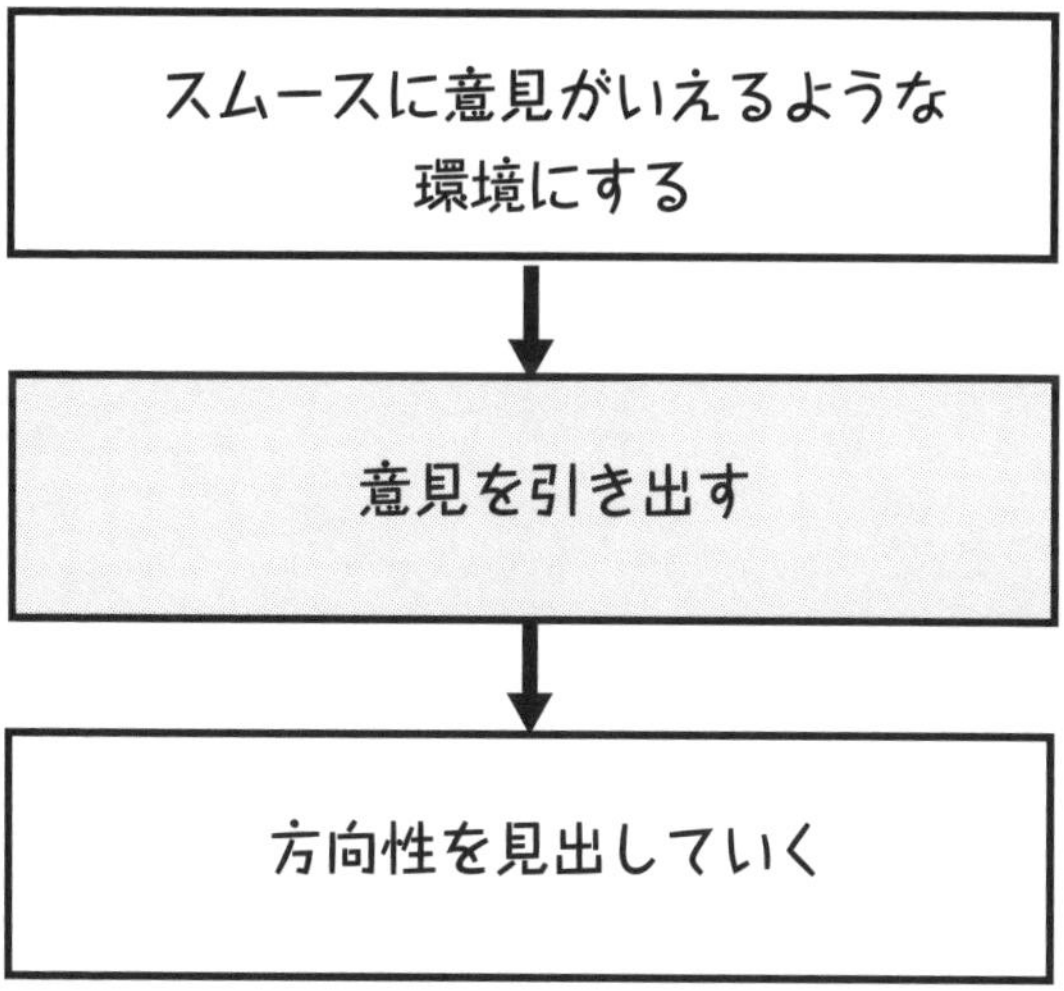
スムースに意見がいえるような
環境にする
意見を引き出す
方向性を見出していく

Point

これからのリーダーに向いている人とはズバリ、人の話が聴ける人。

逆にリーダーに向いていない人は、人の話を聴かない人、コミュニケーションが取れない人、あるいは人とコミュニケーションを取らないで、自分で決めて強引に事を進めようとする人。世のリーダーと呼ばれる人で失敗・自滅する人の大半はこのタイプ。

人と組織を動かすコツ④

体験・自分事化

ビジネスの世界では「人を巻き込む仕事術」ということが盛んにいわれています。何か新しいことを、既存組織の枠にとらわれずに取り組むときなど、いかに各分野各担当のキーマンをプロジェクトの最初の段階から「巻き込んでおくか」が、成果に直結します。

会社組織の中で最も「他人事＝お上の決めた事だ」と思えるのが「人事異動」に関することですが、これとても何らかの形で自分が一部でも関与したとなれば、その人事については責任を感じます。また、パート5で挙げた高知県佐川町の総合計画のように、行政の計画といった住民から最も遠い存在＝お上の決めたこと、と思うようなことでも、アンケートやヒヤリング、ましてワークショップに参加したとなれば、その内容や結論には大いに関心をもつようになります。要は、何らかの形でその計画や結果にはあなたの意見が反映されている、ということが早い段階でマインドセットできれば、人も組織も動くのです。

最近のビジネスの現場では「**自分事化（じぶんごとか）**」ということがテーマになっています。目の前の出来事が、自分にとって関係のある自分にとっての問題なのだと思うこと、思うように導くことが、プロジェクトの成果に大きな関係があることを意味します。

ファシリテーションは「自分事化」のための重要な舞台だといえます。

どうすれば人は動くか

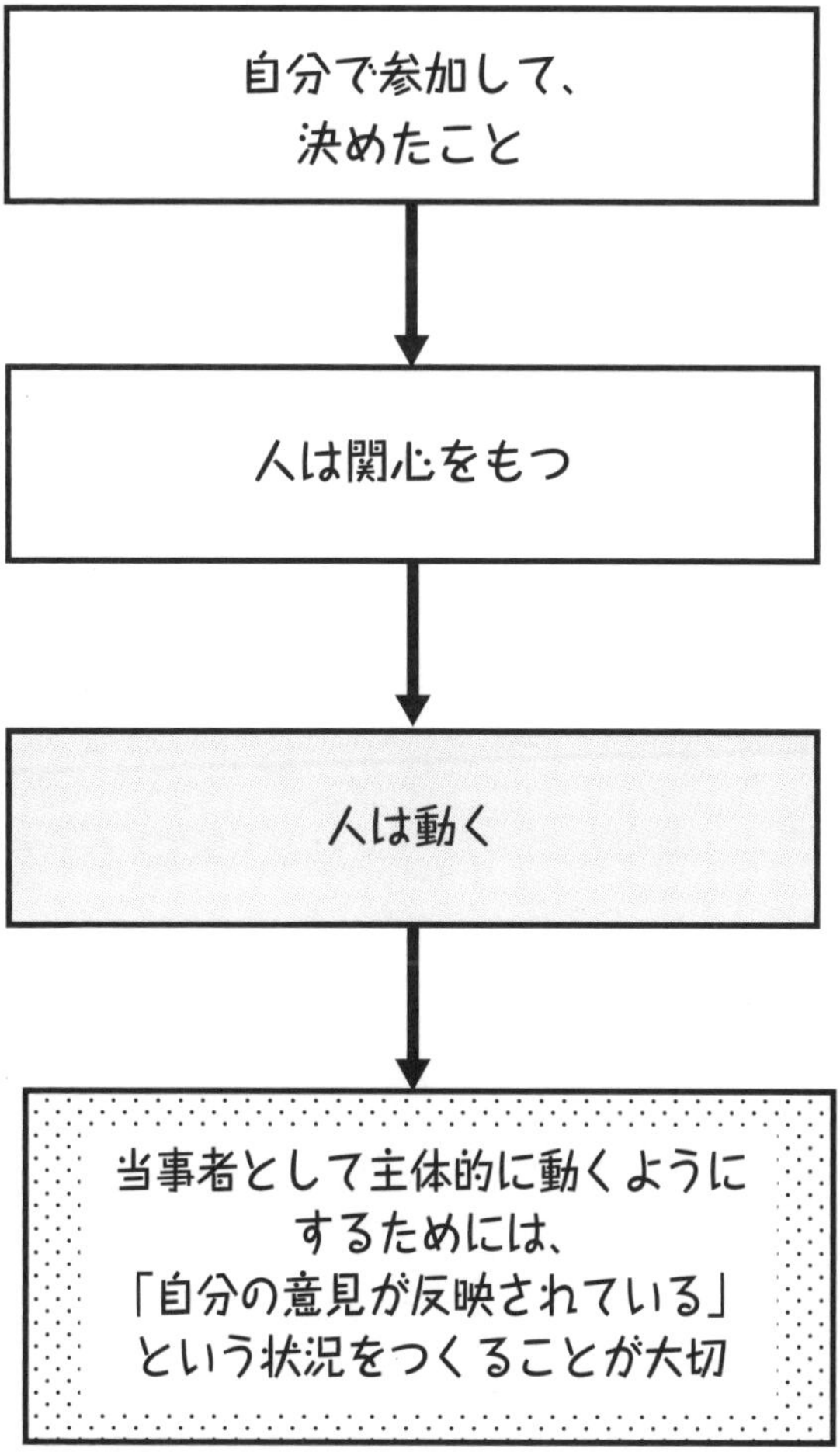
自分で参加して、
決めたこと
人は関心をもつ
人は動く
当事者として主体的に動くようにするためには、
「自分の意見が反映されている」
という状況をつくることが大切

人と組織を動かすコツ⑤　伝える

「皆さん、42インチの大画面がリビングに来たら、格好いいでしょう。お宅のリビングが一気に生まれ変わりますよ。素敵なリビングになるんです。それだけではないですよ。大きなテレビがあったら、自分の部屋にこもってゲームをしていたこどもたちがリビングに出てきて、大迫力のサッカーを観たりするようになりますよ。家族のコミュニケーションが変わるんです！」（高田明著『伝えることからはじめよう』東洋経済新報社１３６頁より）

ジャパネットの創業者で前社長の高田明氏は、大画面テレビの販売に当たってこのように紹介します。ここには「画素数が……」といった技術的な機能の話は全くありません。大画面テレビがリビングにあったら、お客様の生活がどう変わるのか、買い手の立場に立ったライフスタイルの変化を何度も何度も、様々ないい方で伝えます。それは「引きこもり」といった社会的な問題まで含むきわめて射程の長いもので、ここまで伝えきったときに初めて「伝わった」と感じることができるといいます。

「伝える」と「伝わる」の違いは、単に勝手に伝えた気持ちになっているか、聞き手にとって本当に心に響いたかの違いです。そして人は「伝わって」初めて動きます。

ファシリテーションは、相手に「伝わった」ことを確認するための〝道場〟といえます。

「伝える」と「伝わる」の違い

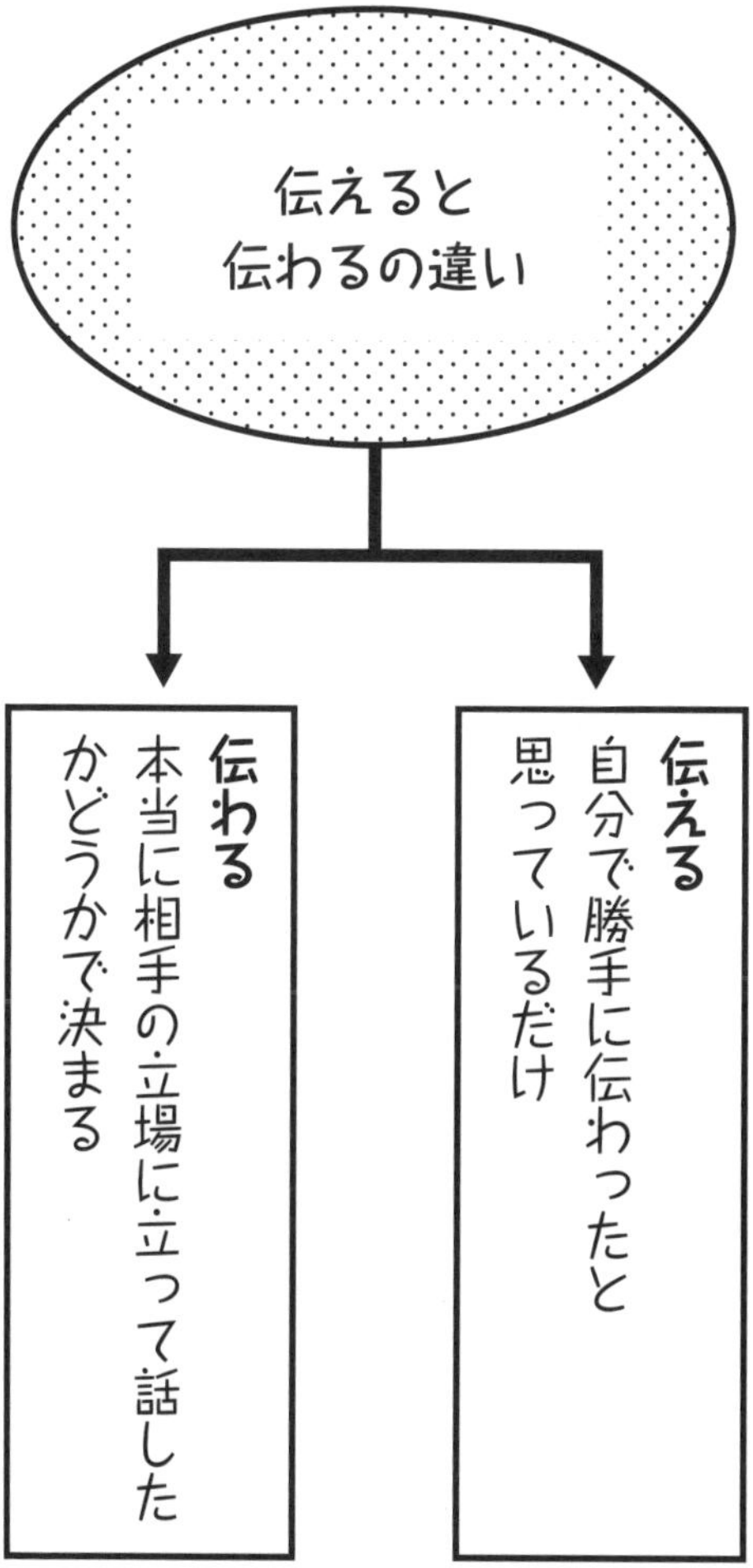
伝えると
伝わるの違い
伝える
自分で勝手に伝わったと
思っているだけ
伝わる
本当に相手の立場に立って話した
かどうかで決まる

人と組織を動かすコツ⑥

わかる

アルバイトにしろ新卒社員や派遣社員にしろ、自分が最初に社会に出て働き始めればすぐにわかることなのですが、最初は何もわからなかった担当業務や作業について「わかった」と思えた瞬間＝自分から積極的に動けて仕事が楽しく思える瞬間があります。それは、何が何だかわからない、ある意味「真っ白」に見えていた仕事が次第に見えてくる、見えることで動けるようになる、「仕事ができる」と思える最初の喜びといえます。

人が自分の内面から湧き上がる思いやエネルギーで「本気で」動く原因はたくさんあります。思想的、社会的問題意識もそうでしょう。複雑な境遇から湧き出る「やむにやまれぬ思い」もあります。でも多くの人にとって「自分から動く」ための原動力は、単純に目の前で起きていることが「わかる」ということではないでしょうか。

人を育てる上で〝魚を与えずに、魚の釣り方を教えよ〟という格言があります。魚を与えればその時はお腹いっぱいになってもすぐに空いてしまうが、魚の釣り方を教えれば一生食べていける、という意味です。釣り方が「わかった」となれば自分から主体的に考えて行動するようになるのです。人や組織を動かす上で、もう一度「わかる」「わかってもらう」ことにこだわることが必要です。

人を動かすには「わかるように伝えないとダメ」

人が動く
「わからせ方」
「わかってもらい方」のコツとは？

↓

こちらの指示ではなく、
当人にとっての問題にする

↓

言い換え例

これをいつまでにやりなさい　×
　→これをいつまでにやるにはどうしたらいいと思う？

何で失敗したんだ　×
　→失敗したとき、どんな気持ちだった？
　　お客様はどう思ったかな？
　　仲間たちはどう思ったと思う？

人と組織を動かすコツ⑦

腑に落ちる

日本語に〝腑に落ちる〟という言葉があります。単に形式的にわかったとか理解したというのではなく、なるほどそうだと心から思う、まさに「腹に落ちる」といった状況です。

腑に落ちるためには先に挙げた「村の寄り合い」のように、思う存分時間をかけて話し合い、語り合うのが一番かもしれません。異なる立場や利害を超えるまで時間をかけて言い尽くし語り尽くすのが「寄り合い」だからです。各自がいいたいことを全部いい尽くしたとき、自分は反対の意見をもっていても、村が決めたことには従う、となるのです。

しかし様々な制約からそれができない場合、「**問題を社会化する**」という方法があります。たとえば「売れるスマホをつくりたい」という課題に対して、「マーケットやニーズがあるから、売上と利益が取れるから、新たな技術が開発されたから……」、という理由と、「家族の絆を、家族の対話を、子供の安全を守りたいから」という理由を比べてみたらどうでしょうか。後者は前者よりもはるかに社会的なテーマや課題の次元に立って、大きな視点が見えてくることに気づきます。果たしてどちらが「腑に落ちる」でしょうか？「腑に落ちる」ためには、単に個別の利害状況やメリット・デメリットだけではない、その課題がもつ社会的な課題にまで広げることが必要なのです。

売れるスマホをつくるにはどうするか?

売れるスマホをつくりたい
・マーケットがある
・ニーズがある
・売上を上げたい

↓

・家族のきずなを深めたい
・家族の対話を取り戻したい
・子供の安全を守りたい

↓ となると…

ビジネス関係者だけでなく様々な問題領域や利害関係者との対話が必要に
◎家族の問題　◎人口動態　◎子供の問題
◎学校◎子育て　◎家庭環境　◎地域社会

↓

問題やテーマを社会的な広がりの中で位置づけ、理解することになる……理由の意味が深まる
→結果、主体的に考えたりアクションするようになる

（例）　売上を上げるためのスマホと家族の対話を増やすためのスマホ
→どちらが「考えよう」「つくろう」と思いますか？

人と組織を動かすコツ⑧

当時者意識

先に「自分事化」について挙げましたが、昔からある言葉でいえば「当事者意識」です。では人と組織を動かす上で重要な「当事者意識」とは何でしょうか。

実は「人と組織を動かす」という言葉の中に潜んでいる〝上から目線〟を払拭することこそが本当の当事者意識なのです。

「どうやったら人が動くだろうか」「どうすれば組織が変わるだろうか」という問いの中には、実は「自分はすでに変化の先が見えていて、自分のレベルに他人をいかに引き上げるか」という、ある意味での〝上から目線〟が潜んでいます。これに対して、果たしてあなた自身は本当に見えているのか？　変わるために動いているのか？　ということをもう一度問い直すことが、本当の意味での「当事者意識」なのです。

「フューチャーセンター」という形で新たなワークショップとファシリテーションの場を提唱する野村恭彦氏はここを指摘します。会社はどうすれば動くのか、組織はどうすれば変わるのか、という問いに答えて人を動かす方法論を求めるのではなく、あなた自身が変わり続ける、動き続けること、その意識とモチベーションを「当事者」として持ち続け、問い続けることのほうが、はるかに「組織を動かす」原動力になるのです。

当事者意識って何?

どうすれば人は動くのか?
どうすればみんなの意識が変わるのか?
どうすれば組織が変わるのか?
どうすれば説得できるだろうか?

↓

自分はわかっている、自分は見えている、
自分は変わっていける、自分は動いている、
なのに他人と組織が動かないからダメなのだ
……という「上から目線」が潜む。
これって全然当事者意識になってない

↓

ここが大事!

自分は変われるだろうか?
自分は動いているだろうか?
自分は何をすべきだろうか?
↓
主語を「自分」に置き換え、
何があろうが自分自身が当事者であり続けることを
意識することこそが当事者意識

場所・空間を変える

これまで「どうすれば人や組織が動くか、変わるか」について主に内面的な要素を挙げてきましたが、もっと手っ取り早く、確実に人や組織を動かし、変える方法があります。それは「場所を変える」ことです。

組織を変えるより、部署ごとの事務所の配置を変えるほうが仕事が変わることがあります。隣に別の部署の人が引っ越してくると、オフィスの日常の中でいろいろな触れ合いがあります。

その先には「どんな仕事をやってるんだろう」という興味が湧き、コミュニケーションが起こります。また部長・課長・係長といった島ごとの固定レイアウトをフリーアドレスの共有机型に変えただけで、コミュニケーションが格段によくなるのも同様です。人は場所や空間によって、大きく気持ちやスタンス、さらには仕事の仕方も変わってくるのです。

ファシリテーションが「場づくり」にこだわるのも、その場の空間としてのあり方が雰囲気を決め、これがワークショップの内容や結果に大きなインパクトを与えるからにほかなりません。それに続くアイスブレイクが重要なのも同様です。

場所や空間という「カタチから入る」ことで、多くの動きやダイナミズムが生まれます。

アイデアが湧き出す環境づくりが注目されている

●コミュニケーションのとりやすい環境づくりに多くの企業が知恵を絞り始めている!!

↓

例えば、グーグルのオフィスでは、様々にデザインされた空間や場によって、その時々の課題や状況、気分に応じて自然にアイデアが引き出され、コミュニケーションが生まれる環境が整えられています。オフィス環境そのものが「ファシリテーションっぽくなっている」のが特徴です。

あとがき
ファシリテーションが描き出す「未来社会」のイメージとは

ここまで、様々な形で「ファシリテーション」という思考や実践がもっている特徴や、それが人と組織にもたらすインパクトを述べてきました。最後に、こうしたファシリテーション思考が描き出す社会とはどんなものなのか、イメージをもちたいと思います。

ファシリテーションの現場では、参加者たちが既存の立場やしがらみを忘れ、自由に発言します。そこには役職も権限も役割分担もない中で、まっさらな「一人の人間」としてどう思うかを問い合い、語り合う、そこから目の前の課題やテーマに対して、ひとつの合意点を見出していくのがファシリテーションの本筋です。ファシリテーターはプロセスに関与し、結果と着地点についての洞察を行いながらも、あくまでも参加者が自分たちでその結論に達するように、あの手この手で導きます。そして、その場で出された着地点に参加者が一定の合意をもった上で、次のステップやアクションにつなげていきます。

ここには、これからの社会での仕事の仕方、モノの考え方や進め方、ひいては新たな民主社会のあり方が想起されます。あたかも古代ギリシャやローマの「民会」のごとく、直接民主制のような当事者意識をもって物事に当たる、未来社会のイメージがあります。

その背景には、今の時代が抱える特有の課題があります。成熟経済と多様性（ダイバーシティ）、情報化の進展、人口減と少子高齢化、地方創生、学校教育の役割、福祉の問題など、いわゆる社会政策そのものが多くの課題と変化を迎える中、ビジネスも行政も関係なくそれらの課題と正面から向き合わざるを得ない、そうした不透明な社会状況があることが、ファシリテーション思考を必要とする最大の理由です。

会社でも行政でも、まちづくりでも学校でも、あらゆる組織が「動く」ためには３つの要素があります。

①環境が変化すること

たとえば技術環境が変わってフィルム写真が必要なくなれば、フィルムをつくっていたメーカーは別の分野の企業に「変化」しなければ生き残れません（たとえば、富士フイルムの場合、デジタルカメラ時代にはフィルムは売れないため、同社がもっていた技術を再編して化粧品を開発しました）。

②組織のトップが変わること

企業では社長、学校では校長、行政では首長、商店街では理事長。どんな組織でも「トップ」が変われば組織も動きも変わります。

しかし、以上の2つに対してもう一つ、「変化」「動き」を左右する要素があります。それは、次の3番目の要素です。

③構成メンバーの思いや仕事の仕方が変わること

①も②も、③の要素なくしては本当に変わることはできないのが、「人と組織」の真実なのです。

ファシリテーション思考は、人と組織が動くための根源である「メンバーの思いを変える」ことに力を発揮します。そして、どんな状況や制約下にあっても、一定のエネルギーを生み、新たなパワーを引き出すのです。

草地　真

〈参考文献〉

『ワークショップ』（中野民夫著　岩波新書）
『ファシリテーション入門』（堀公俊著　日経文庫）
『アイデア発想フレームワーク』（堀公俊著　日経文庫）
『今すぐできる！　ファシリテーション』（堀公俊著　日経文庫）
『対話する力』（中野民夫・堀公俊著　日本経済新聞出版社）
『ファシリテーション　実践から学ぶスキルとこころ』（中野民夫他著　岩波書店）
『ワークショップデザイン』（堀公俊著　加藤彰　日本経済新聞出版社）
『コミュニティデザイン』（山崎亮著　学芸出版社）
『コミュニティデザインの時代』（山崎亮著　中公文庫）
『日産Ｖ‐ｕｐの挑戦』（井上達彦監修　日産自動車株式会社　中央経済社）
『日産　驚異の会議』（漆原次郎著　東洋経済新報社）
『フューチャーセンターをつくろう』（野村恭彦著　プレジデント社）
『ＵＸの時代』（松島聡著　英治出版）
『リノベーションまちづくり』（清水義次著　学芸出版社）
『地元学をはじめよう』（吉本哲郎著　岩波ジュニア文庫）
『わかるふくしの発想』（木原孝久著　ぶどう社）
『住民流福祉の発見』（木原孝久著　筒井書房）
『地域包括ケアサクセスガイド』（田中滋監修　メディア出版）
『埼玉・和光市の高齢者が介護保険を〝卒業〟できる理由』（宮下公美子・東内京一著　メディア出版）
『みんなでつくる総合計画』（チームさかわ著　学芸出版社）
『なぜ「教えない授業」が学力を伸ばすのか』（山本崇雄著　日経ＢＰ）
『新発想！　道徳のアクティブラーニング型授業はこれだ』（木野正一郎著　みくに出版）
『伝えることからはじめよう』（高田明著　東洋経済新報社）
『ファシリテーションで大学が変わる』（中野民夫・三田地真実著　ナカニシヤ出版）
『ファシリテーションスキル』（草地真著　ぱる出版）
その他、朝日新聞、日経新聞、日経ＭＪ、教育新聞、月刊福祉などを参考にさせていただきました。

草地　真（くさじ・まこと）
慶應義塾大学経済学部卒業。経営コンサルタント。ビジネスライター。商店街の活性化支援や小売業の活性化にかかわるとともに、長くシルバーシルバービジネスへも関心を寄せ、立ち上げ支援などをおこなっている。人材育成、チームビルディング、組織活性化をテーマにしたビジネス書・介護関連の著書を多数執筆している。
主な著書には、『「明日からリーダーやって」と言われた人のファシリテーションスキル超入門』『なぜスターバックスは日本で成功できたのか』『ディズニーランドの心に響く接客サービス』『9割をリピーターにするディズニーランドの人の育て方』『グループホームをはじめよう！』（以上、小社刊）など多数ある。

【ポイント図鑑《ずかん》】
人《ひと》を動《うご》かすファシリテーション思考《しこう》

2017年5月12日　初版発行

著　者　草《くさ》　地《じ》　真《まこと》
発行者　常　塚　嘉　明
発行所　株式会社　ぱる出版

〒160-0011　東京都新宿区若葉1-9-16
03(3353)2835 — 代表　03(3353)2826 — FAX
03(3353)3679 — 編集
振替　東京 00100-3-131586
印刷・製本　中央精版印刷(株)

ISBN978-4-8272-1059-0　C0034